Practice Standard for
WORK BREAKDOWN STRUCTURES
Third Edition

工作分解结构（WBS）
实践标准
（第3版）

[美] Project Management Institute 著

電子工業出版社
Publishing House of Electronics Industry
北京·BEIJING

图书在版编目（CIP）数据

工作分解结构（WBS）实践标准：第 3 版 / 美国项目管理协会著；杨青，强茂山译. —北京：电子工业出版社，2021.5

书名原文：Practice Standard for Work Breakdown Structures, 3E

ISBN 978-7-121-40972-1

Ⅰ．①工… Ⅱ．①美… ②杨… ③强… Ⅲ．①项目管理－标准 Ⅳ．①F224.5-65

中国版本图书馆 CIP 数据核字(2021)第 085026 号

责任编辑：卢小雷

印　　刷：北京虎彩文化传播有限公司
装　　订：北京虎彩文化传播有限公司
出版发行：电子工业出版社
　　　　　北京市海淀区万寿路 173 信箱　　邮编 100036
开　　本：880×1230　1/16　印张：13.5　字数：238 千字
版　　次：2008 年 7 月第 1 版
　　　　　2021 年 5 月第 3 版
印　　次：2025 年 3 月第 6 次印刷
定　　价：89.00 元

凡所购买电子工业出版社图书有缺损问题，请向购买书店调换。若书店售缺，请与本社发行部联系，联系及邮购电话：（010）88254888，88258888。

质量投诉请发邮件至 zlts@phei.com.cn，盗版侵权举报请发邮件至 dbqq@phei.com.cn。

本书咨询联系方式：（010）88254199，sjb@phei.com.cn。

声明

作为项目管理协会（PMI）的标准和指南之一，本标准是由相关人员的自愿参与和共同协商而编写的。在编写过程中，我们汇集了一批志愿者，并广泛征集了对本标准感兴趣的人士的观点。PMI 管理编写过程并制定规则以保证协商的公平性，但并没有直接参与写作，也没有独立测试、评估或核实本标准所含任何信息的准确性、完整性或本标准所含任何判断的有效性。

因本标准或对本标准的应用或依赖而直接或间接造成的任何人身伤害、财产或其他损失，PMI 不承担任何责任，无论是特殊、间接、因果还是补偿性的责任。PMI 不明示或暗示地保证或担保本标准所含信息的准确性与完整性，也不保证本标准所含信息能满足你的特殊目的或需要。PMI 不为任何使用本标准或指南的制造商或供应商的产品或服务提供担保。

PMI 出版和发行本标准，既不代表向任何个人或团体提供专业或其他服务，也不为任何个人或团体履行对他人的任何义务。在处理任何具体情况时，本标准的使用者都应依据自身的独立判断，或者在必要时向资深的专业人士寻求建议。与本标准议题相关的信息或标准亦可从其他途径获得，读者可以从这些途径获取本标准未包含的观点或信息。

PMI 无权也不会监督或强迫他人遵循本标准的内容，不会为安全或健康原因对产品、设计或安装进行认证、测试或检查。在本标准中，关于符合健康或安全要求的任何证明或声明，都不是 PMI 做出的，而应由认证者或声明者承担全部责任。

目录

图表目录

第**1**章
——

简介

1.1 本实践标准的目的

标准是基于共识并由经认可的机构批准的文件，它为活动或其成果提供规则和指南。标准的目的是，在既定的环境中，通过共同和重复使用以实现最佳的效果。PMI 依据协商一致、开放公开、程序公正和适用性等原则制定本标准。PMI 标准为实现特定的项目组合、项目集和项目管理成果提供指南，这些指南通常适用于大多数组织中的大多数项目。

标准的目的是传递"是什么"，而不是"如何做"。

实践标准与标准有所不同，它为实施某一主题提供了更多的解释、规范和基于经验的深入认知。更重要的是，实践标准是描述性的而不是规范性的，它既传递了"是什么"，又传递了"如何做"的建议。需要强调的是，正是"如何做"这个目的，使实践标准在通常情况下成为大多数组织开展项目的指南。

《工作分解结构（WBS）实践标准》（第 3 版）的目标是：

◆ 为理解工作分解结构（Work Breakdown Structure，WBS）的概念和原则提供共同基础。

◆ 为使用与创建 WBS 提供指南和建议。

◆ 为 WBS 这一基本机制的应用提供标准，以确保整合了项目集和/或项目进度计划、成本、风险、资源、技术和合同控制。

本实践标准有助于 WBS 应用的一致性，从而最大限度地提高项目集或项目规划与控制工作的有效性和效率。

本实践标准也展示了什么是高质量的 WBS，并提供了大量示例。除了 WBS 示例，后续章节还诠释了高质量 WBS，并阐述了如何应用关键原则。在本实践标准的附录 X3 中，包含了各类特定行业的 WBS 示例，这些示例展示了如何在不同类型的项目集和项目中创建和使用 WBS，其中某些示例还说明了高质量 WBS 在各行业中的应用。

《工作分解结构（WBS）实践标准》（第 3 版）基于现有 WBS 的文献、研究和实践，详细描述了《项目管理知识体系指南（PMBOK®指南）》[1][1]、《项目集管理标准》[2]和《敏捷实践指南》[3]中有关 WBS 的指南。其他 PMI 标准和实践标准也参考了本实践标准中的内容。

当涉及创建和更新 WBS 过程时，除非另有说明，本实践标准可应用于项目集和项目。本实践标准的其他章节还讨论了与项目集 WBS 内容和应用有关的特定方面。

《工作分解结构（WBS）实践标准》（第 3 版）提供了创建、分解、组织、利用和定期更新 WBS 的框架。本实践标准的主要部分如下所述。

- 第 1 章 简介——本章提供了 WBS 的背景和引言，包括其目标、使用和商业价值。

- 第 2 章 概念和原则——本章提供了使用 WBS 的核心概念和原则；讨论了 WBS 在不同项目生命周期的实施；描述了如何应用 WBS 的方法和说明。另外，本章提供了与上述内容相关的大量示例。

- 第 3 章 关系、整合与环境——本章通过描述 WBS 与其他标准和其他项目管理过程的整合，阐述了 WBS 的项目范围环境。四个主要项目生命周期的跨过程示例展现了项目范围环境。

- 第 4 章 WBS 质量——本章提出了特定的质量指南和核对单，以此作为确保 WBS 完整性和正确性的框架。本章还解释了高质量 WBS 在项目集和项目中的使用。

- 第 5 章 WBS 应用与使用——本章提供了实际应用（从 WBS 创建到整个项目生命周期）WBS 所需的必要指南。本章也包含了项目集 WBS 的应用。

---

1 括号内的数字与本实践标准后面的参考文献序号相对应。

◆ 附录——包含了大量适用于多种项目类型、行业和项目生命周期的 WBS 示例，以便读者尽可能全面地了解 WBS 的适用性。

1.2 引言

项目是为创造独特的产品、服务或成果而进行的临时性工作。通常，在项目中包括大量的不确定性。就其整体而言，项目是一项此前从未进行过的工作，因此，它带有一定程度的风险。

无论采用何种项目生命周期，成功的项目管理都取决于一个全面、完整的规划过程，其本质是多学科的，并且涉及技术和主题等方面的内容。在规划阶段，对范围、进度计划、成本和风险有不同观点是至关重要的。规划首先定义了具有详尽信息的项目目标和目的，并具体说明了项目创建的可交付成果。项目工作范围源于这些定义和规范，WBS 为规划、控制、执行和管理项目工作构建了框架，以完成项目工作并成功交付其可交付成果。

1.2.1 什么是 WBS

WBS 是项目团队为实现项目目标并创建所需的可交付成果所要进行的全部工作范围的层级分解。项目范围说明书描述了项目范围及其主要的可交付成果、假设和约束，而 WBS 则通过定义和层级组织的方法对项目的全部范围进行了进一步的详细描述。WBS 代表经批准的当前项目范围中所规定的全部工作。

1.2.2 为什么需要 WBS

WBS 是一种实用工具，可帮助项目规划团队克服大量的不确定性。WBS 有助于将不确定的挑战转化为一系列不确定性较小的挑战。简言之，WBS 有助于将整个项目范围（以前从未执行过的）转化为一系列被称为工作包的小型组件。这些工作包在过去可能已经被处理过，这使它们更易于被评估、测量、管理和沟通。

WBS组件在项目管理、规划和控制的许多方面起着基础性作用。WBS组件有助于定义和理解范围、时间与成本之间的关系。因此，WBS组件在成功的项目规划中起着至关重要的作用。在发起一个项目时，应采用完整、合理和准确的层级范围来描述项目，以为项目生命周期中项目管理的各个方面提供便利。

1.2.3　何时创建 WBS？何时更新 WBS

《PMBOK®指南》的"创建WBS"过程将WBS定义为一个重要且有较大影响的输出。从项目生命周期的角度来看，"创建WBS"过程发生在项目的早期阶段。在范围管理规划之后，将进行需求的收集和记录及范围说明的准备工作。随后，根据可用的范围信息开始创建WBS。

在正式实施整体变更控制过程时，需要对WBS进行更新。当项目规划（或者在适应型生命周期、迭代或发布规划中）、项目执行和监控中出现额外的范围信息时，也需要对WBS进行更新。这种更新、循环过程被称为渐进明细。

WBS为其他各种规划过程提供了框架和基准，如项目进度管理中的定义活动过程、项目成本管理中的估算成本过程、项目资源管理中的估算活动资源过程，以及项目风险管理中的识别风险过程。

在项目生命周期中，监控WBS是项目范围管理知识领域中"控制范围"过程的一部分；WBS的修改和更新源于项目的变更控制过程。变更控制过程的输出通常会产生被批准的项目范围变更请求。

1.2.4　哪类项目有 WBS

无论是面向外部还是关注内部的项目，创建WBS是每类项目规划过程必不可少的一部分。无论哪个行业或学科的项目，WBS都是至关重要的。无论项目可交付成果的类型或项目生命周期的类型如何，应用WBS都是关键环节。

本实践标准详细描述了WBS在预测型、迭代型、增量型和敏捷型项目生命周期中的应用，并为在这些不同的生命周期中使用WBS提供了操作方法。

1.3 WBS 的目的

1.3.1 什么是 WBS 的"良好实践"

WBS 为工作范围的可视化提供了基础。WBS 与项目目标和可交付成果有关，它有助于验证范围的一致性和完整性，并避免重复。此外，WBS 还为在规划过程后期阶段开展的责任分配和成本分配提供了基准。

WBS 是一种重要的沟通机制，它有助于理解和传达工作范围，并解决范围内外的问题。WBS 在所有项目相关方之间创建了一种通用语言，包括项目管理和主题等方面。

WBS 为项目管理团队和项目相关方提供了用于项目规划和控制的可视化框架。它还是项目范围、进度计划、预算、风险和绩效跟踪的基准。WBS 可作为一种跨学科机制，以统一和标准的方式报告项目状态和进展。WBS 还可作为一种机制，通过展现不同的详细程度来平衡管理层对工作控制的需求。WBS 允许在其较低层次中以最详细的方式明确规划和控制数据，或者将 WBS 汇总到若干 WBS 的更高层次，以使其适合不同管理层级对信息的需求。

1.3.2 为什么 WBS 是必不可少的

如果没有精心设计的项目范围层级结构（所有项目职能部门和相关方都能完全接受并经常使用），那么，项目规划过程可能是不准确的、不一致的，并且会导致较差的规划可交付成果。这些可交付成果将无法支持有效的控制过程，由此可能导致决策失误、无法实现项目目标及范围蔓延。

研究表明，沟通是对项目成功影响最大的项目管理原则之一，WBS 正是一种通过图形描述来帮助传递项目范围的重要沟通机制。

1.3.3 WBS 的商业价值

WBS 通过对范围和期望的清晰沟通来提供商业价值。通过对工作的成本、预算、进度计划、资源、质量、合同和技术等方面进行适当的管理，使整个团队理解范围和期望并以此降低风险。这种理解可以减少不确定性并更好地控制项目，从而提高商业的稳定性。

在项目集层面，WBS 元素为商业论证提供了量化价值。在考虑项目价值优化或恢复措施时，与 WBS 工作包或元素相关的价值是至关重要的。

1.4 适用范围

本实践标准适用于项目集或项目，不论其所在的行业、生命周期、可交付成果、复杂性、规模、预算或持续时间。本实践标准还适用于交付项目集或项目成果所涉及的组织，包括各种规模和部门的公共组织和私营组织。

1.4.1 本实践标准与其他项目管理标准间的关系

图 1-1 展示了《工作分解结构（WBS）实践标准》（第 3 版）与 PMI 标准库中其他标准间的关系。

图 1-1 的第一个分支展示了 PMI 全球基础标准，它为项目管理知识提供了基础，并代表了四个专业领域：项目组合、项目集、项目和组织级方法。其中一些标准是经 ANSI 认证的标准，其他实践标准和特定行业分册都是基于这些文件建立的。

第二个分支展示了 PMI 全球实践标准，其主要目的是描述基础标准中所确定的工具、技术或过程的使用。所有实践标准都与 WBS 实践标准直接相互作用。

第三个分支展示了与 WBS 过程直接相关的 PMI 全球标准应用领域分册。

第四个分支展示了实践指南，它们提供了支持信息和指导，以帮助行业专家应用 PMI 全球基础标准和 PMI 全球实践标准。深灰色区域列出的四个实践指南与 WBS 过程直接相关，浅灰色区域中的三个则不相关。有关各标准之间关系的详细信息，见本实践标准的相应章节。

第五个分支也是最后一个分支，由《PMI 项目管理术语词典》和《项目经理能力发展框架》[4]构成。两者将必要的基础语言和能力结合在一起，以适用于其他 PMI 出版物。

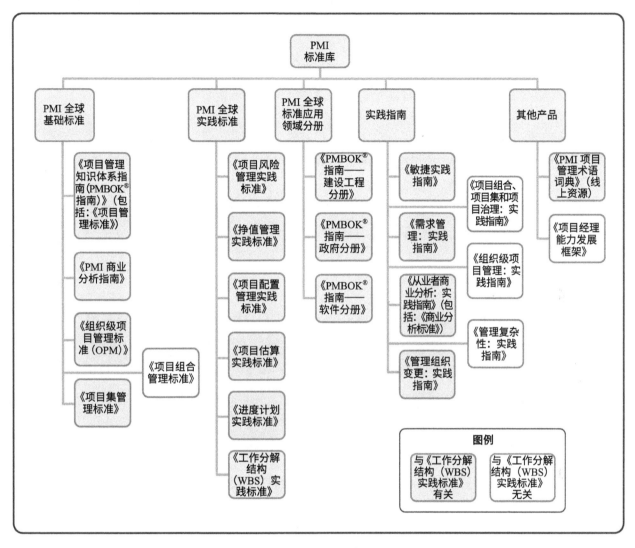

图 1-1 WBS 关系图

1.4.2 WBS 过程与其他《PMBOK®指南》过程间的关系

WBS 是项目规划和实施过程必不可少的部分。WBS 接受先前过程的输入和结果，并输出给后续的过程。

对这些整合过程的详细描述是《PMBOK®指南》的关键。但是，一般来说，"创建 WBS"过程以先前过程的产出作为输入，尤其是范围管理计划、项目范围说明书和需求文件。

已完成的 WBS 详细描述了项目范围，并且它是其他项目管理过程的关键输入，如定义活动、排序活动、估算成本、计划质量管理和识别风险等过程。

从初始规划阶段到整个项目生命周期，不同的过程从 WBS 接收输入并向 WBS 提交输出，这些过程在《PMBOK®指南》中都有详细说明。

1.4.3 WBS 在项目生命周期的位置

在开始创建 WBS 时，应尽可能多地了解工作，以给定可用的范围信息。将工作表示为 WBS，使其成为范围基准的一部分，这种表现形式将继续通过进度计划、预算和资源分配来为项目相关方提供指南。这种工作形式在整个项目生命周期中持续存在，可利用 WBS 来进行需求管理、挣值管理（Earned Value Management，EVM），并实现在本实践标准的后续章节中详细阐述的许多其他用途。

1.4.4 项目集 WBS 与项目 WBS

项目集是一组相互关联且被协调管理的项目、子项目集和项目集活动，以便获得分别管理所无法获得的效益［《项目集管理标准》（第 4 版），第 1.2 节］。

项目集管理引入了一些不包含在日常项目管理词汇中的术语，例如：

◆ 组件（Component）——为支持项目集而进行的项目、子项目集或其他与项目集相关的活动。

◆ 效益（Benefit）——组织和其他相关方交付项目集成果而带来的收益和资产。

项目集范围包括该项目集所交付的全部效益，并以项目集 WBS 的形式反映出来。项目集 WBS 是包括全部项目集范围的层级分解，它包括由组件生成的可交付成果。

项目集 WBS 包括项目集中的项目、子项目集和项目集活动。为确保复杂性是适当的，项目集 WBS 中的项目分解通常会止于第一层或第二层，项目集和子项目集的分解可以止于有效管理和控制项目集所需的级别。

1.5　总结

本实践标准既详细阐述了 WBS，又为开发和应用 WBS 提供了指导原则。希望读者通过使用本实践标准的原则和实施方法，创建出有价值、高质量的 WBS，并将其运用到项目或项目集的管理过程中。

第**2**章
—

概念和原则

2.1 引言

为了更易于管理项目，需要将项目分解为单独的组件（子组件），这些组件被称为 WBS。WBS 具有层级结构，它定义了在项目期间按顺序的、平行的或按完成项目结果所需的特定顺序排列和完成的独特工作元素。WBS 有助于其他项目管理的过程和活动，如"自制或外购"分析、相关方识别、时间和成本估算、进度安排、资源分配、风险分析、测量和项目控制。

WBS 被定义为：

- ◆ W=工作（Work）。通过持续的体力或脑力劳动、自动化过程完成的动作，或者运用技术来克服困难并实现目标。工作通常指的是一项特定的活动、职责、功能，或者某个较大任务的一部分或一个阶段的任务，以及通过努力、付出或运用技术生产或实现的事物。在本标准中，工作指的是输出、工作结果或可交付成果，即付出努力的成果，而非努力本身。

- ◆ B=分解（Breakdown）。将工作划分成不同部分或类别；分离成更简单且可识别的事物；分解。

- ◆ S=结构（Structure）。用确定的组织方式来安排事物。

基于这些定义，WBS 具有以下特点：

- ◆ 支持对实现输出、目标、可交付成果或具体结果所需的所有工作的定义。

- ◆ 用来说明并定义可交付成果（"是什么"）的层级结构，此层级结构是以"母子"关系的形式建立起来的。

- ◆ WBS 有一个客观或具体的结果（"是什么"），这个结果被称为可交付成果、输出或结果。

WBS 代表了对项目可交付成果和范围的清晰描述——这个项目是什么（the what of the project）。WBS 描述的不是如何或何时产出可交付成果，而是对项目输出、项目范围、产品范围或可交付成果的描述和细化。

WBS 是对项目团队为实现项目目标和创建所需的可交付成果而需要实施的工作的全部范围的层级分解。WBS 规划并定义了项目的整个范围，代表了经批准的当前项目范围说明书中所规定的工作。WBS 最低层次的组件被称为工作包，其中包括计划的工作。工作包对相关活动进行归类，以便对工作进行进度安排、估算、监控。在"工作分解结构"这个词中，"工作"是指作为活动成果的工作结果或可交付成果，而不是活动本身。

以下概念适用于创建 WBS：

◆ **层级的**（Hierarchical）。按照各种指标划分成连续的级别或层次。

◆ **分解**（Decomposition）。把项目范围和项目可交付成果划分为更小的、更便于管理的组成部分的技术。

◆ **范围**（Scope）。项目所提供的产品、服务和成果的总和。

◆ **可交付成果**（Deliverable）。为完成某一过程、阶段或项目而必须交付的任何独特的、可验证的产品、成果或提供服务的能力。

WBS 将项目工作分解成更小的、更便于管理的工作单元。WBS 每向下分解一个层次，就代表了对上一个层次的项目工作有了越来越详细的定义。WBS 最低层次的组件被称为工作包，可以对其进行时间和成本的估计、执行、监控。

本章提供了有关 WBS 术语、概念和规则的更多信息，以及与 WBS 相关的三个示例（修建住宅、组织聚会和定制自行车）。第 2 章包括以下小节：

◆ 2.2 采用生命周期创建 WBS

◆ 2.3 原则

◆ 2.4 方法

◆ 2.5 样式

◆ 2.6 工作的表示形式

◆ 2.7 总结

2.2 采用生命周期创建 WBS

在项目的实施过程中，可以采用不同的项目生命周期。项目生命周期指的是项目从启动到结束所经历的一系列阶段，它为项目管理提供了一个基本框架。不论项目涉及的具体工作是什么，这个基本框架都适用。这些阶段可以是顺序的、迭代的或交叠的。所有项目都可以映射到如图 2-1 所示的通用生命周期。

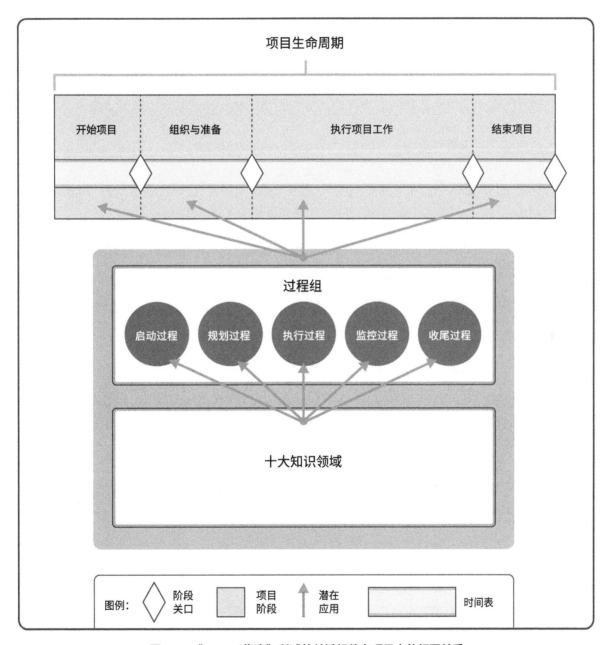

图 2-1　《PMBOK®指南》所述的关键组件在项目中的相互关系

项目管理团队要确定各个项目最适合的生命周期。项目生命周期需要具有足够的灵活性，以应对项目中包含的各种因素。可以通过以下方法实现生命周期的灵活性：

◆ 识别需要在各个阶段实施的过程。

◆ 在合适的阶段实施已识别的过程。

◆ 调整阶段的各种属性（如名称、持续时间、退出标准和准入标准）。

WBS 有助于项目经理、项目领导者、相关方和参与者对项目产生的最终产品、可交付成果或输出（输出可以是产品、服务或结果）建立清晰的愿景。更准确地说，WBS 为项目提供了包括交付产品、服务或结果所涉及工作的清晰愿景。

WBS 的创建因每个项目所选择的生命周期而异，而项目和子项目集组成了项目集 WBS。

项目生命周期可以是预测型的、迭代型的、增量型的或敏捷型的:

◆ 在预测型生命周期中，在生命周期的早期阶段确定项目范围、时间和成本。对任何范围的变更都要进行仔细的管理。预测型生命周期也可能指的是瀑布型生命周期。

◆ 在迭代型生命周期中，项目范围通常在项目生命周期的早期被确定，但时间及成本估算将随着项目团队对产品理解的不断深入（滚动规划）而定期修改。迭代通过一系列重复的循环活动来开发产品。

◆ 在增量型生命周期中，通过在一定时间内的一系列迭代，渐进地增加产品的功能以产出可交付成果。只有在最后一次迭代后，可交付成果具有了必要的和足够的能力，它才能被视为完成。

◆ 在敏捷型生命周期中，通过一系列的迭代来交付所需的功能。这些迭代的持续时间很短，通常持续 1~4 周。迭代通过一系列重复的循环活动来开发产品。

混合型生命周期是预测型生命周期和敏捷型生命周期的组合。那些已知的或有确定需求的项目可遵循预测型开发生命周期，而那些仍在发展变化的项目可遵循敏捷型生命周期，这更易于适应范围的蔓延和变更。

在所有的项目生命周期中，WBS 包括由项目领导者、相关方、内部和外部参与者（如团队成员和分包商）要完成的所有工作。WBS 对要执行的工作的目标和可交付成果提供了清晰的陈述。项目团队使用 WBS 与相关方进行沟通。

不同的项目生命周期具有以下特点，如《敏捷实践指南》中的表 3-1 所示：

方 法	特 点			
	需 求	活 动	交 付	目 标
预测型	固定	整个项目仅执行一次	一次交付	管理成本
迭代型	动态	重复执行直至正确	一次交付	解决方案的正确性
增量型	动态	对给定增量执行一次	频繁的更小规模交付	速度
敏捷型	动态	重复执行直至正确	频繁的小规模交付	通过频繁的小规模交付和反馈实现客户价值

WBS 层次的深度取决于项目的规模、复杂性及计划和管理它所需的详细程度。WBS 由执行组织要完成的整个范围的多级层次结构组成。但是，具体的层次数量应便于有效地管理、执行和监控项目。

2.2.1 在预测型（瀑布型）生命周期中使用 WBS

在具有较高的确定性、稳定的需求和低风险的情况下，可以采用预测型生命周期。因此，在预测型生命周期中，项目活动通常按顺序执行。当采用预测型生命周期时，团队需要详细的计划来知道要交付什么及如何交付。在项目的开始阶段，团队创建详细的需求、范围说明书、WBS、WBS 词典和计划。通常，团队直到项目结束才交付商业价值（见图 2-2）。

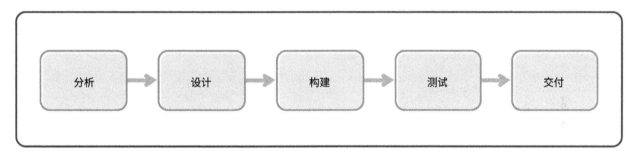

图 2-2　预测型生命周期

在预测型生命周期中，项目范围、时间和成本在生命周期的早期阶段被确定。通过正式的变更管理流程来对范围的任何变更进行仔细的管理。预测型生命周期也被称为瀑布型生命周期。

典型的预测型生命周期 WBS 遵循以下惯用做法：

◆ 项目名称出现在 WBS 的第一层次。

◆ 项目阶段或主要项目可交付成果通常出现在第二层次。

◆ 第三层次和其他下级层次（取决于第二层次）可以用来表示可交付成果、控制账户或工作包。

◆ 根据项目的规模和复杂性，WBS 分解可以继续进行。

◆ WBS 组件的最低层次被称为工作包。

图 2-3 展示了基于阶段 WBS 的常用做法。

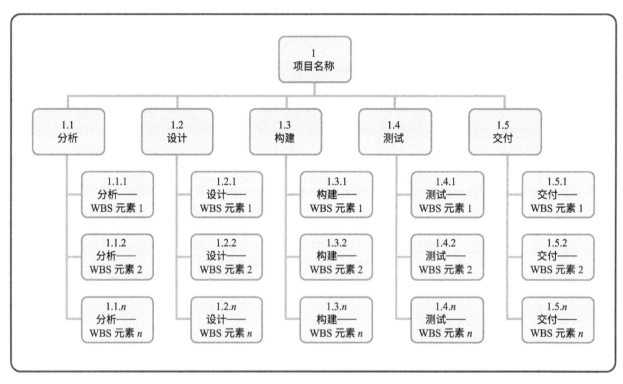

图 2-3   预测型生命周期 WBS 示例，其中项目阶段位于 WBS 的第二层次

图 2-4 展示了基于可交付成果 WBS 的常用做法。

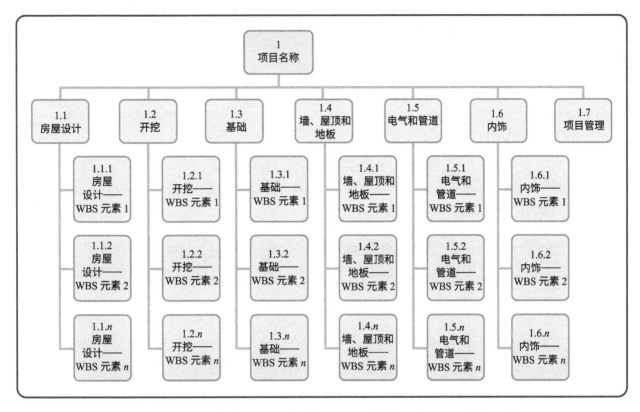

图2-4　预测型生命周期 WBS 示例，其中主要可交付成果位于 WBS 的第二层次

随着项目范围的逐步细化，迭代地演化 WBS，直到整个项目的范围已经被基准化。

在预测型生命周期中，项目的范围基准是经过批准的项目范围说明书、WBS 和相应的 WBS 词典。基准仅通过正式的变更控制程序进行变更，并在项目实施期间作为比较的基础，如图 2-5 所示。

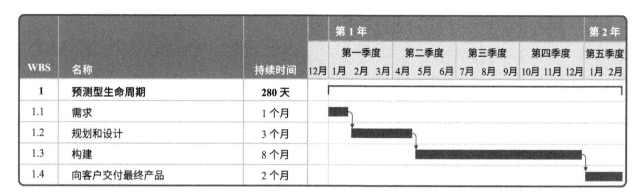

WBS	名称	持续时间	第1年					第2年
			第一季度	第二季度	第三季度	第四季度		第五季度
			12月 1月 2月 3月	4月 5月 6月	7月 8月 9月	10月 11月 12月		1月 2月
1	**预测型生命周期**	**280天**						
1.1	需求	1个月						
1.2	规划和设计	3个月						
1.3	构建	8个月						
1.4	向客户交付最终产品	2个月						

图 2-5　甘特图样式的预测型生命周期示例

2.2.2　在迭代型生命周期中使用 WBS

在迭代型生命周期中，通过连续的原型法或概念证明来改进产品或结果。每个新的原型都能带来新的（或额外的）相关方反馈和团队见解。在下一个周期中，团队集成这些新的信息，并通过重复一个或多个项目活动来重新构建原型。

当项目的复杂性高、变更频繁，或者项目范围受到相关方的不同观点、技术进步或期望的最终产品的支配时，采用迭代型生命周期更有优势。当采用迭代型生命周期时，可能需要更长的时间，因为它是为学习而优化的，而不是为交付速度而优化的。在迭代型生命周期中，通常直到项目结束都不会交付实质性的商业价值。在某些情况下，采用迭代型生命周期可提高进入下一个里程碑或为下一阶段获得关键批准的可能性。

在迭代型生命周期中，项目范围通常在项目生命周期的早期确定，但时间及成本估算将随着项目团队对产品理解的不断深入而定期修改。迭代方法通过一系列重复的循环活动来开发产品，而增量方法通过渐进地增加产品功能来开发产品，如图 2-6 所示。

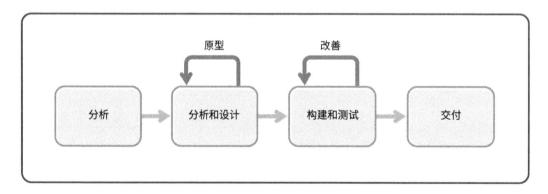

图 2-6　迭代型生命周期示例

在迭代型生命周期中，WBS 的表示通常遵循以下惯用做法：

◆ 项目名称出现在 WBS 的第一层次。

◆ 第二层次表示项目阶段（迭代）。重复项目的多个初始阶段（迭代），直到相关方对分解达成一致。此外，项目的后期阶段（迭代）会重复进行，直到项目交付最终的输出。

◆ 第三层次和其他下级层次可以用来表示可交付成果或工作包。

◆ 根据项目的规模和复杂性，WBS 分解可以继续进行。

◆ WBS 组件的最低层次被称为工作包。

图 2-7 展示了基于阶段 WBS 的惯用做法。

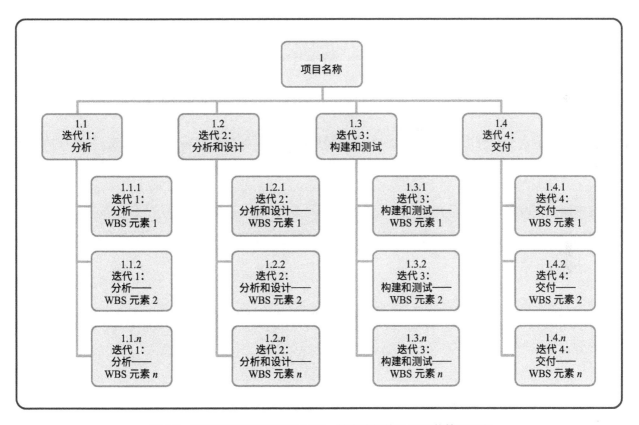

图 2-7　迭代型生命周期 WBS 示例，其中迭代位于 WBS 的第二层次

随着项目范围的逐步细化，WBS 迭代地演化，直到范围中的每次迭代分别被基准化。

在迭代型生命周期中，项目的范围基准是经过批准的项目范围说明书、WBS 和相应的在项目生命周期中详细阐述的 WBS 词典。基准仅通过正式的变更控制程序进行变更，并在项目实施期间作为比较的基础，如图 2-8 所示。

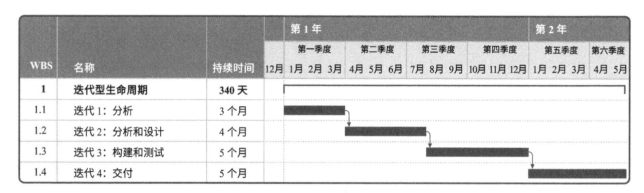

图 2-8 甘特图样式的迭代型生命周期示例

2.2.3 在增量型生命周期中使用 WBS

有些项目会对交付速度进行优化。许多企业和项目无法等待所有的事情全部完成，在这种情况下，客户愿意接受整个解决方案的一个部分。这种对少量可交付成果的频繁交付被称为增量型生命周期。

在增量型生命周期中，可交付成果是通过一系列迭代产生的，这些迭代在预定的时间框架内连续地添加功能。只有在最后一次迭代后，可交付成果具有了必要的和足够的能力及价值，它才能被视为完成，如图 2-9 所示。

　　　　　　　　　　　　　　　　　工作分解结构（WBS）实践标准（第 3 版）

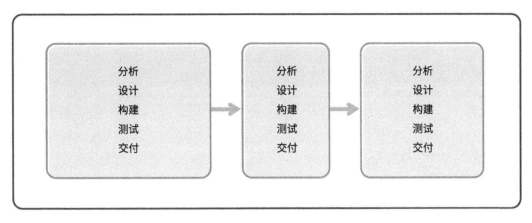

图 2-9 增量规模变化的生命周期

与一次交付一个最终产品相比，在增量型生命周期中，将更频繁地优化工作，以为项目发起人、相关方或客户交付价值。只有在最后阶段（迭代）完成后，项目的最终产品才被认为是完成的。

在增量型生命周期中，WBS 的表示通常遵循以下惯用做法：

◆ 项目名称、产品名称或方案名称出现在 WBS 的第一层次。

◆ 项目阶段（也被称为迭代）出现在 WBS 的第二层次。在每个阶段（迭代），都将分析、设计、构建、测试，并向客户交付价值。

◆ 第三层次和其他下级层次可以用来表示可交付成果和/或工作包。

◆ 根据项目的规模和复杂性，WBS 分解可以继续进行。

◆ WBS 组件的最低层次被称为工作包。

图 2-10 展示了基于阶段 WBS 的惯用做法。

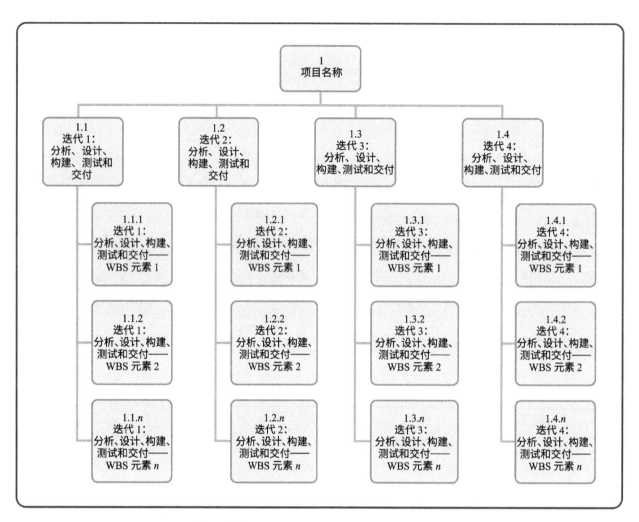

图 2-10　增量型生命周期 WBS 示例，其中迭代位于 WBS 的第二层次

随着项目范围的逐步细化（通过滚动规划），WBS 迭代地演化，直到范围中的每个阶段（迭代）分别被基准化。

在增量型生命周期中，项目的范围基准是经过批准的项目范围说明书、WBS 和相应的特定迭代的 WBS 词典。基准仅通过正式的变更控制程序进行变更，并在项目实施期间作为比较的基础，如图 2-11 所示。

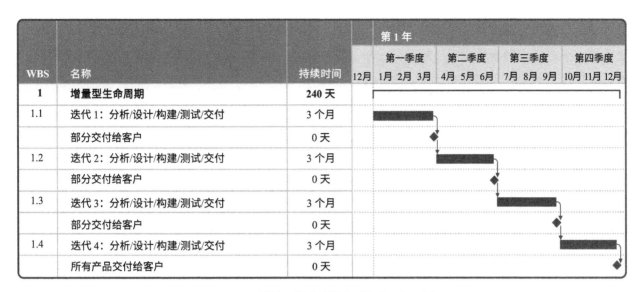

WBS	名称	持续时间	第1年			
			第一季度 12月 1月 2月 3月	第二季度 4月 5月 6月	第三季度 7月 8月 9月	第四季度 10月 11月 12月
1	**增量型生命周期**	**240天**				
1.1	迭代1：分析/设计/构建/测试/交付	3个月				
	部分交付给客户	0天				
1.2	迭代2：分析/设计/构建/测试/交付	3个月				
	部分交付给客户	0天				
1.3	迭代3：分析/设计/构建/测试/交付	3个月				
	部分交付给客户	0天				
1.4	迭代4：分析/设计/构建/测试/交付	3个月				
	所有产品交付给客户	0天				

图2-11　甘特图样式的增量型生命周期示例

2.2.4　在敏捷型生命周期中使用 WBS

对于需求不断变化或不确定性高的项目，在项目开始时通常无法完全明确项目的范围，而需要在项目期间逐渐明确。敏捷实践特意在项目的早期阶段缩短定义和协商范围的时间，同时花费更多的时间来建立用于不断探索和完善的过程。在多数情况下，不断涌现的需求往往导致期望的商业需求与最初描述的商业需求间存在差异。

敏捷实践有目的地构建并评审原型和发布版本以细化和完善需求。因此，范围在整个项目中被定义和重新定义。在敏捷方法中，产品待办事项列表构成了已知的需求。敏捷方法中的需求代表了史诗、特性或用户故事。

产品负责人在团队、相关方和商业分析专业人士的帮助下，创建产品待办事项列表。产品代办事项列表帮助团队了解如何在不产生浪费的情况下交付最高价值。

在敏捷型生命周期中，项目发起人和客户代表会定期参与项目，在创建可交付成果时提供反馈，并确保产品待办事项列表能反映当前的需求。

WBS 通常与预测型生命周期相关联，并支持对项目的整个范围进行分解。当采用敏捷实践时，要将整个范围分解为更小的部分，从而支持待办事项列表或产品待办事项列表。

在敏捷型生命周期中，WBS 包含商业价值项，这通常被称为需求、待办事项列表或用户故事。每个需求、待办事项列表项或用户故事都代表了交付该项所描述的用户功能所需的工作。每个需求、待办事项列表项或用户故事都交付了一个功能的小增量、输出或可交付成果。工作包代表了 WBS 中分解的最低层次。用户故事是敏捷项目中分解的最低层次。工作包和用户故事都向客户交付功能。工作包和用户故事都是关于做什么而不是如何做的。工作包大致等于用户故事。

对于在敏捷环境中执行的项目，团队期望需求会发生改变。迭代和增量方法能够提供反馈，以更好地规划项目的下一部分。图 2-12 显示了实现增量交付的两种可能的方法（基于迭代的敏捷方法和基于流程的敏捷方法），这都有助于敏捷项目与客户的需求保持一致，并可以根据需要进行调整。

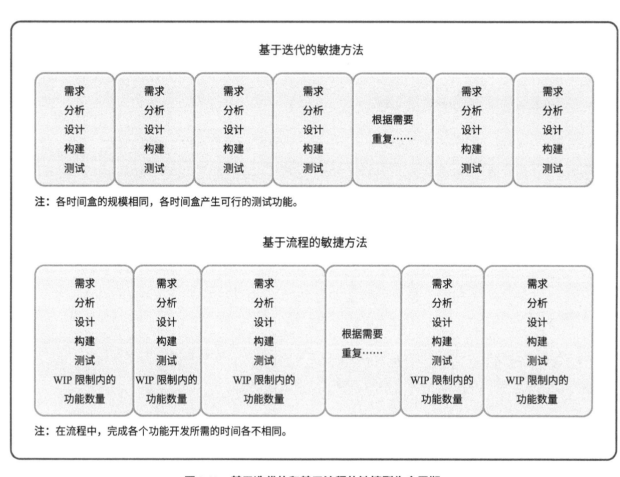

图 2-12 基于迭代的和基于流程的敏捷型生命周期

在基于迭代的敏捷方法中，团队通过迭代（使用 Scrum 框架时的冲刺，它具有相同持续时间的时间盒）来交付完整的特性。在使用迭代的敏捷型生命周期中，有一个关于用户故事（工作包）规模的目标：用户故事应该在单次迭代（冲刺）中交付。如果用户故事不能在单次迭代（冲刺）中交付，则将用户故事拆分为更小的用户故事。

在基于流程的敏捷方法中，团队将根据自身的能力，从待办事项列表中提取若干功能开始工作，而不是按照基于迭代的进度计划开始工作。

下面是一些分解敏捷项目的不同方法，但不限于此：

◆ 产品、迭代、用户故事。

◆ 产品、发布、迭代、用户故事。

◆ 产品、发布、特性、迭代、用户故事。

◆ 产品、特性、发布、迭代、用户故事。

◆ 产品、史诗、特性、迭代、用户故事。

◆ 产品、特性、史诗、迭代、用户故事。

对于敏捷项目，存在各种各样的 WBS 场景。

第一种场景如图 2-13 所示。

◆ 项目名称或产品名称出现在 WBS 的第一层次。

◆ 迭代（冲刺）出现在 WBS 的第二层次（如 1.1、1.2、1.3、1.4、1.5 等）。

◆ 用户故事出现在 WBS 的第三层次。敏捷项目中的用户故事是分解的最低层次，具有与工作包相似的特征。用户故事和工作包都可产生一个或多个可交付成果或功能。

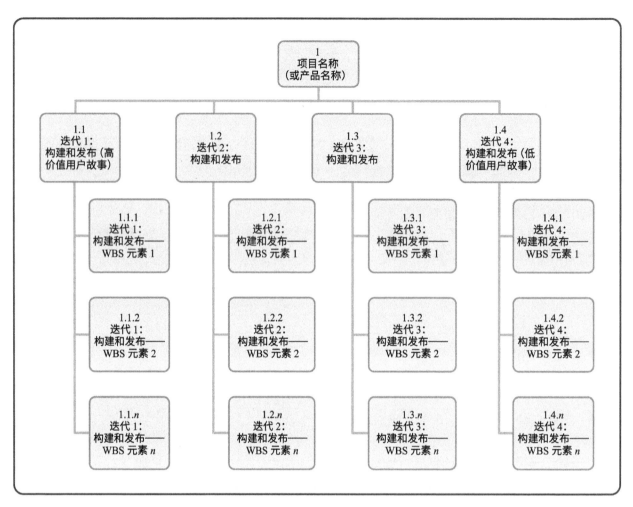

图 2-13　敏捷型生命周期 WBS 示例，其中迭代位于 WBS 的第二层次

第二种场景如图 2-14 所示。

◆ 项目名称或产品名称出现在 WBS 的第一层次。

◆ 发布出现在 WBS 的第二层次（如发布 1、发布 2、发布 3 等）。

◆ 迭代（冲刺）出现在 WBS 的第三层次（如 1.1.x、1.2.x、1.3.x、1.4.x、1.5.x 等）。

◆ 用户故事（工作包）出现在 WBS 的第四层次。

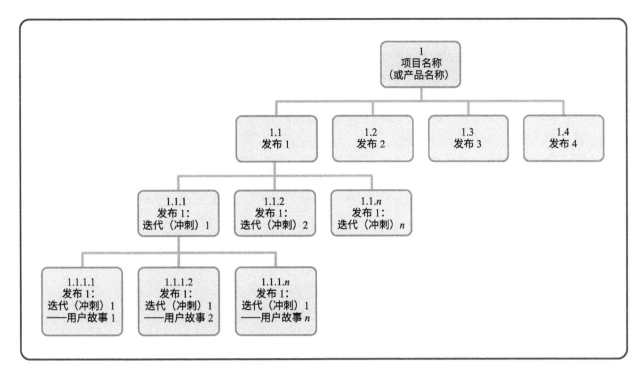

图 2-14　敏捷型生命周期 WBS 示例，其中发布位于 WBS 的第二层次

还有其他发布、特性和迭代的组合。在敏捷型生命周期的项目中，WBS 随着需求的更新而更新，这意味着 WBS 的基准不会在项目的开始时出现。WBS 的最终版本只有在项目完成时才知道，如图 2-15 所示。

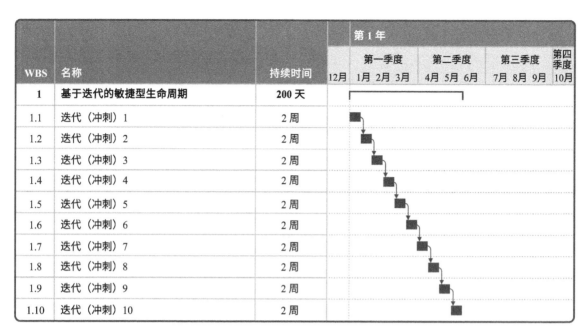

WBS	名称	持续时间	第1年				
				第一季度	第二季度	第三季度	第四季度
			12月	1月 2月 3月	4月 5月 6月	7月 8月 9月	10月
1	**基于迭代的敏捷型生命周期**	**200 天**					
1.1	迭代（冲刺）1	2 周					
1.2	迭代（冲刺）2	2 周					
1.3	迭代（冲刺）3	2 周					
1.4	迭代（冲刺）4	2 周					
1.5	迭代（冲刺）5	2 周					
1.6	迭代（冲刺）6	2 周					
1.7	迭代（冲刺）7	2 周					
1.8	迭代（冲刺）8	2 周					
1.9	迭代（冲刺）9	2 周					
1.10	迭代（冲刺）10	2 周					

图 2-15　甘特图样式的基于迭代的敏捷型生命周期示例

2.2.5　关键概念/特征

以下术语和定义（按字母顺序排列）是在《PMI 项目管理术语词典》、《PMBOK®指南》和《敏捷实践指南》中定义的与 WBS 相关的术语。这些术语和本实践标准的术语表中列出的其他术语都有助于理解 WBS 在项目管理实践中所起的整体作用。

◆ **活动（Activity）**。在进度计划中所列，并在项目过程中实施的工作组成部分。

◆ **控制账户（Control Account）**。一种管理控制点。在该控制点上，把范围、预算、实际成本和进度加以整合，并与挣值比较，以测量绩效。

◆ **可交付成果（Deliverable）**。为完成某一过程、阶段或项目而必须产出的任何独特并可核实的产品、成果或服务能力。

◆ **独立型活动（Discrete Effort）**。能够予以规划并测量，且会产出特定输出的活动。（注：独立型活动是用于计算工作绩效的三种挣值管理活动之一。）

◆ **支持型活动 (Level of Effort)**。一种不产生明确的最终产品，而按时间流逝来度量的活动。(注：支持型活动是用于计算工作绩效的三种挣值管理活动之一。)

◆ **规划包（Planning Package）**。控制账户可以包括一个或多个规划包。规划包是一个工作内容已知但详细进度活动未知的，低于控制账户的 WBS 组件。

◆ **范围（Scope）**。项目所提供的产品、服务和成果的总和。

◆ **范围基准（Scope Baseline）**。经过批准的范围说明书、WBS 和相应的 WBS 词典，能够通过正式的变更控制程序进行变更，并被用作与实际成果进行比较的依据。

◆ **工作分解结构组件（Work Breakdown Structure Component）**。工作分解结构任意层次上的任何要素。

◆ **工作分解结构元素（Work Breakdown Structure Element）**。包含在单个工作分解结构中的任何单个工作分解结构组件及其关联的 WBS 属性。

◆ **WBS 词典（WBS Dictionary）**。针对 WBS 中的每个元素，详细描述可交付成果、活动和进度信息的文件。

◆ **工作包（Work Package）**。WBS 最低层次的工作，针对这些工作来估算并管理成本和持续时间。

在实践中有多种类型的 WBS 分解。不同的来源将 WBS 标识为行动导向型、代办事项导向型、合同导向型、可交付成果导向型、阶段导向型、产品导向型、项目集导向型，甚至是一种组合，从而产生了一种混合方法。虽然在分解的类型中没有特别提到，但是一种新兴的类型是位置导向型。

只采用一种分解类型的 WBS 比较少见，在通常情况下，一个 WBS 会融合多种分解的类型。七种分解的类型代表了在实践中发现的典型 WBS。表 2-1 提供了有关分解的类型及 WBS 示例的重点描述，以帮助读者应用这些概念。

表 2-1 分解的类型

分解的类型	关 注	WBS 元素示例
行动导向型	基于行为的组件，如功能、流程、活动、任务或服务	项目管理、装配、卫生设备、电气安装
待办事项导向型	用迭代、增量或敏捷方法处理客户待办事项列表，这属于项目范围的一部分，但不是整个项目范围	史诗、用户故事、下一次的交付（待办事项列表的另一部分）
合同导向型	收集成本组件	任何可交付成果、产品、阶段、项目集或行动的 WBS 元素
可交付成果导向型	支持最终产品交付的任何组件	项目计划、项目预算
阶段导向型	基于阶段的组件	计划、分析、设计
产品导向型	最终产品的任何组件	导弹系统、自行车框架部分
项目集导向型	项目规划组件	项目集 ABC、项目 A、项目 B、系统 X

不管分解的类型是什么，WBS 的第一层次都表示项目名称、产品名称或计划名称。这些分解的类型适用于预测型、迭代型、增量型和敏捷型的生命周期或混合方法。在本实践标准的后续部分，将说明如何组合不同的分解类型。

2.3 原则

2.3.1 100%原则

WBS 最低层次的全部工作会汇总到（Rolls Up）更高的层次。这个原则被称为 100%原则。

100%原则可以确保 WBS 捕获所有已知的范围和项目可交付成果。这个原则适用于 WBS 的所有层次，因此子层次工作的总和就是母层次工作的总和。

2.3.1.1 更多的 WBS 规则

在创建 WBS 时要记住的附加规则：

◆ **成本**（Cost）。WBS 元素不包含成本。

◆ **重要性**（Importance）。WBS 元素并不意味着重要。

◆ **分解层次（Levels of decomposition）**。WBS 对分解层次没有限制。但是，当一个母层次只产生一个子层次时，该母层次不应该被进一步分解。

◆ **相互排斥的元素（Mutually exclusive elements）**。为了增加清晰度，避免重复的工作和误解，WBS 元素不应该重叠。

◆ **关系（Relationships）**。WBS 元素并不暗示或明示关系。

◆ **资源（Resources）**。WBS 元素不分配资源。

◆ **时间（Time）**。WBS 元素不考虑时间或顺序。

尽管 WBS 元素没有涉及上述特征，但它们对于计划、评估和其他相关活动是至关重要的。

2.3.2　WBS 以外的活动

需要注意的是，100%原则也适用于活动层次。在每个工作包中，由活动表示的工作总和应 100%等于完成此工作包所需要的所有工作。如果工作或活动存在于 WBS 之外，则应重新评估 WBS，并整合所有的工作。需要明确的是，活动不是 WBS 的一部分，因为活动表示"怎么做（How）"，而 WBS 表示"是什么（What）"。

2.3.3　WBS 编号

WBS 的编号从分解的最高层次（层次 1）到最低层次（层次 *x*）逐层进行，如图 2-16 所示。WBS 的分解和编号是否继续取决于项目的规模和复杂性。在任何情况下，WBS 组件的最低层次是工作包。

2.3.3.1　项目的 WBS 编号

◆ 层次 1——这个层次包括生产产品、服务或结果所需的全部工作范围。层次 1 代表由数字 1 或项目编码（如 Proj*X*）指定的项目或全部产品。

◆ 层次 2——这是项目分解的第一个层次，是对工作范围中主要内容的较高层级的分解。层次 2 的编号为 1.1、1.2、1.3…1.*n*。当层次 1 使用项目编码时，层次 2 的编号为 Proj*X*.1、Proj*X*.2、Proj*X*.3…Proj*X*.*n*。

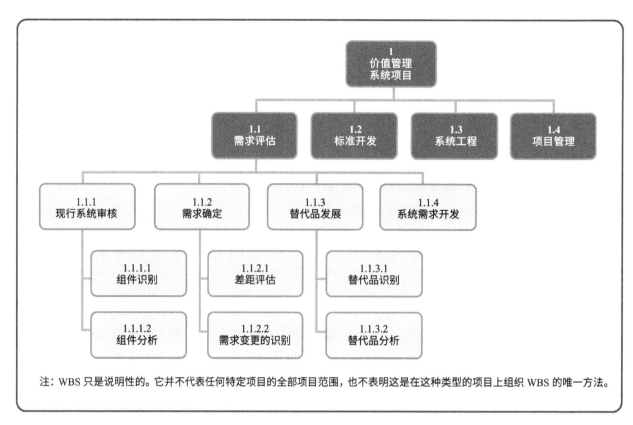

图 2-16 通过工作包分解的 WBS 示例

◆ 层次 3 和其他下级层次——同样，对于层次 3 和其他下级层次中的元素，也可以根据具体情况进行进一步分解。层次 3 的编号为：

1.1.1、1.1.2、1.1.3…1.1.n。

1.2.1、1.2.2、1.2.3…1.2.n。

1.3.1、1.3.2、1.3.3…1.3.n…

1.y.1、1.y.2、1.y.3…1.y.n。

◆ 如果在层次 1 使用项目编码，那么层次 3 的编号为：

Proj$X$.1.1、Proj$X$.1.2、Proj$X$.1.3…Proj$X$.1.n。

Proj$X$.2.1、Proj$X$.2.2、Proj$X$.2.3…Proj$X$.2.n。

Proj$X$.3.1、Proj$X$.3.2、Proj$X$.3.3…Proj$X$.3.n…

Proj$X$.y.1、Proj$X$.y.2、Proj$X$.y.3…Proj$X$.y.n。

2.3.3.2 项目集的 WBS 编号

◆ 层次 1——这个层次包括交付项目集所需的全部工作范围。层次 1 代表由数字 1 或项目集编码（如 Prog Y）指定的项目集名称。

◆ 层次 2——这是项目集分解的第一个层次。这一层次显示了项目名称、子项目集或项目集活动。层次 2 的编号为 1.1、1.2、1.3…1. n。当层次 1 使用项目集编码时，层次 2 的编号为 Prog Y.1、Prog Y.2、Prog Y.3…Prog Y. n。

◆ 层次 3 和其他下级层次——同样，对于层次 3 和其他下级层次中的元素，也可以将其进一步分解为每个项目或子项目集。层次 3 的编号为：

1.1.1、1.1.2、1.1.3…1.1. n。

1.2.1、1.2.2、1.2.3…1.2. n。

1.3.1、1.3.2、1.3.3…1.3. n…

1. y.1、1. y.2、1. y.3…1. y. n。

◆ 如果在层次 1 使用项目集编码，那么层次 3 的编号为：

Prog X.1.1、Prog X.1.2、Prog X.1.3…Prog X.1. n。

Prog X.2.1、Prog X.2.2、Prog X.2.3…Prog X.2. n。

Prog X.3.1、Prog X.3.2、Prog X.3.3…Prog X.3. n…

Prog X. y.1、Prog X. y.2、Prog X. y.3…Prog X. y. n。

2.4 方法

WBS 是对项目团队为完成项目目标、创建所需可交付成果而需要执行的全部工作范围的层级分解。WBS 分解的深度取决于项目的规模和复杂程度，以及项目计划和管理所需的细节层次。

当对全部工作范围进行分解时，较低层次的 WBS 展示出更详细的信息，工作包（或敏捷型生命周期中的用户故事）展示的信息最为详细。将 WBS 分解成不同的层次需遵循下面列出的惯用做法。

2.4.1 分解

2.4.1.1 层次 1

这一层次包括产品、服务或成果所需的全部工作范围，也包括所有直接或间接的工作。层次 1 代表总产品、服务或成果，通常是一个单独的 WBS 元素。不同的项目管理信息系统以不同的方式表示这个元素。

2.4.1.2 层次 2

这是分解的第一个层次，是对工作范围内主要内容的较高层级的分解。项目阶段、主要项目可交付成果、发布（在敏捷型生命周期中）通常都出现在层次 2。这一层次通常包括整合管理工作和项目管理工作。

2.4.1.3 层次 3

这一层次根据需要把层次 2 的各个 WBS 元素进行分解。值得注意的是，在创建 WBS 时应始终坚持 100%原则。这一层次常关注项目工作中具体的、有形的可交付成果。

2.4.1.4 层次 4

同样，层次 3 中的 WBS 元素也可以根据具体情况做进一步的分解。工作的复杂程度决定了 WBS 分解的深度和层次数。与其他层次不同的是，WBS 的最低层次包含工作包。

2.4.2 创建 WBS

创建 WBS 是一个迭代思考的过程，这需要考虑项目的目的和目标（包括商业和技术两方面）、功能和性能设计标准、项目范围、技术性能要求及其他技术特性等。在项目的早期筹划阶段，一般会创建一个高层级的 WBS。在明确了项目定义、需求分析和规范准备后，再进一步细化并完善 WBS。WBS 的定制和裁剪基于项目特定的需要和要求。应删除所有未明确要求的工作和可交付成果，从而保证 WBS 不会超出具体的项目范围。最终的 WBS 应包含全部的项目可交付成果。

WBS 可以帮助项目经理与相关方交流，明确项目的最终产品，以及生产制造这些产品的全过程。WBS 有利于讨论要实施的工作以及要完成的中间和最终的可交付成果。表 2-2 提供了创建 WBS 时需要考虑的问题。

表 2-2　创建 WBS 时需要考虑的问题

问　题	回　答
1．项目的产品是否是其他项目的一部分？	
2．是否定义并发布了项目章程？	
3．运用了哪种类型的项目生命周期？预测型、迭代型、增量型、敏捷型还是混合型？	
4．是否定义并发布了项目范围说明书？	
5．项目经理和项目团队是否已就项目的最终产品、服务或结果达成共识？	
6．是否指定了负责将来工作的人员来参与创建 WBS？	
7．项目有哪些组件？	
8．不同的部分如何结合在一起的？	
9．需要的和期望的是什么？	
10．是否明确了项目预期的商业目标？如何才能实现商业价值？	
11．是否考虑了整个项目？是否已经对高层级的可交付成果进行了充分的分解？	
12．是否明确了中间的和最终的可交付成果？将要交付什么？需要什么？	
13．是否明确了每个组件与产品的关系？每个组件对最终的可交付成果将如何发挥作用？	
14．是否明确了可交付成果的生产流程？将采用什么方法和实践？需要什么特殊的流程？有怎样的质量要求？需要进行什么检查？	
15．是否明确了完成可交付成果所需要的活动（包括哪些起着直接或间接作用的活动）？	
16．是否获取了主题专家的技术建议和支持？是否就这些技术建议和支持与项目的其他主题专家进行沟通并得到其认同？	
17．项目是否需要任何外部资源？如果需要，是否已经明确需要哪些外部资源？	
18．是否明确了所有与质量管理和风险管理相关的工作？	
19．是否识别了与项目设想相关的风险？	
20．是否明确了所有与项目管理有关的工作？	

思考这些问题有助于指导项目经理逐步明确什么是项目产品。迭代地评审所有相关的问题并收集所有相关信息。所有工作包（最低层次的 WBS 元素）加在一起应该涵盖全部的项目可交付成果，它们描述了项目的范围。

2.4.3 创建方法

可以用于创建 WBS 的方法和工具有很多，其中包括提纲式、WBS 指导原则或 WBS 标准、WBS 模板、组织机构图法、头脑风暴法、自上而下法及自下而上法、思维导图和专家判断法。项目团队通常利用 WBS 模板、公司的指导原则或标准等启动 WBS 的创建工作。

使用工具来创建 WBS 有很多好处。例如，这些工具（特别是组织自有的工具）可以提高 WBS 创建的一致性、可再现性（Repeatability）和重复利用性（Reusability）。同时，使用这些工具还可以提升和强化组织的 WBS 指导原则或 WBS 标准，极大地减少工作量，简化创建 WBS 的流程，并增加 WBS 元素的重复使用度。

可以用于创建 WBS 的方法和工具有很多，其中包括提纲式、WBS 指导原则或 WBS 标准、WBS 模板、组织机构图法、头脑风暴法、自上而下法及自下而上法、思维导图和专家判断法。应该根据特定的项目目标、要求、设想及限制条件来选择合适的方法。表 2-3 分别列出了部分方法的优点和挑战。

表 2-3　WBS 的创建方法

WBS 创建方法	优　点	挑　战
自上而下法	● 有利于报告项目现状 ● 结构合乎逻辑 ● 有利于进行头脑风暴，以发现项目可交付成果 ● 有利于添加新发现的可交付成果 ● 创建产品路线图	● 要持续关注，保证没有遗漏工作包 ● 要充分细化 WBS，以便于管理层监督和控制
自下而上法	● 从所有可交付成果或用户故事开始，然后倒推回项目 ● 保证包含了所有的工作包或用户故事	● 要在创建 WBS 之前确定所有的可交付成果或工作包 ● 工作包的分组合乎逻辑 ● 不关注大局
WBS 标准	● 利用预定义的格式 ● 增强了跨项目 WBS 的一致性 ● 促进原则和"良好实践"的执行	● 要求项目符合标准 ● 可能包括一些不必要的可交付成果，或者遗漏了特定的项目可交付成果 ● 不是所有项目都适合使用高度格式化的 WBS 标准
WBS 模板	● 为创建 WBS 提供了一个起点 ● 有利于确定所需的细化程度 ● 增强了跨项目 WBS 的一致性 ● 利用预定义的格式	● 要求项目符合标准 ● 可能包括一些不必要的可交付成果，或者遗漏了特定的项目可交付成果 ● 不是所有项目都适合使用高度格式化的 WBS 模板

2.4.3.1 自上而下法

用自上而下法创建 WBS 的基本步骤如下：

第一步。明确项目的最终产品、服务或成果，即为确保项目成功，确定需要交付的产品是什么。为了确保 WBS 满足项目的需求，需要认真地评审高层级的项目范围文件（如工作说明书和技术规范等）。

第二步。定义项目的主要可交付成果或中间可交付成果（如一个设计规范）。

第三步。将主要可交付成果分解为更低层次的细分元素，以便管理和综合控制。这些 WBS 元素通常直接与各个独立的可交付成果连接。根据 100%原则，每个层次中的元素的总和代表上一个层次中的元素的 100%的工作。WBS 的每个工作包应该包含一个或多个独特的可交付成果。

第四步。评审并完善 WBS，直至项目相关方认为能够顺利地完成项目规划，并且项目的执行和控制能够成功地生产出所预期的可交付成果和结果。

2.4.3.2 自下而上法

用自下而上法创建 WBS 的基本步骤如下：

第一步。明确项目所涵盖的所有可交付成果（或工作包、用户故事）。当参与人员提出的是具体活动时，应列出该活动所关联的可交付成果，而不是活动（应将所建议的活动转换成与其相关的可交付成果）。这个过程融入了所有参与人员的付出。每个工作包通常只包含一个可交付成果。

第二步。将相关联的工作包（或可交付成果、用户故事）进行逻辑分组。

第三步。将可交付成果汇总到上一个层次，如母层次。根据 100%原则，每个层次中的元素的总和代表上一个层次中的元素的 100%的工作。

第四步。将一组相关联的任务汇总到一个母层次后，要对这个子集再次认真分析，确保已经包括了所有的工作内容。

第五步。重复以上步骤直至所有子层次都被汇总并最终整合到一个代表项目的母层次。要确保创建完成的分解结构中包含了所有的项目范围。

第六步。评审并完善 WBS，直至项目相关方认为能够顺利地完成项目规划，并且项目的执行和控制能够成功地生产出所预期的可交付成果和结果。

2.4.3.3 WBS 组织标准

一个组织的 WBS 标准包括一系列创建 WBS 应遵循的原则，如格式、编码系统、命名方法，以及必要的元素等。WBS 标准在项目管理成熟度较高的组织中很常见。这些标准有利于保证组织内所有 WBS 的一致性和完整性。下面列举两个 WBS 标准示例的内容：

◆ 项目管理应作为 WBS 层次 2 的元素。

◆ 应采用图形和文本形式的 WBS 样式。

2.4.3.4 WBS 模板

WBS 模板是一个将不同层级的元素填入对应细分层次的 WBS 示例。可以说，WBS 模板是一个可以根据项目的特定信息定制的通用 WBS"容器"。一个组织可以根据不同的项目类型和不同的项目生命周期（预测型、迭代型、增量型或敏捷型）制定不同的模板。

通过重复使用 WBS 或 WBS 的组件，WBS 标准和 WBS 模板有利于提高一致性。在利用原有的 WBS 组件时，通过删掉所有不需要的工作或可交付成果来定制 WBS，以满足项目特定的需要、期望和要求，以确保 WBS 与项目范围一致。另外，在使用这两种方法时，应对照第 5.2 节所列的问题进行审核。应用 WBS 标准和 WBS 模板来创建 WBS 有利于提高质量保证，因为这些标准和模板体现了 WBS 的"良好实践"。

应用 WBS 标准和 WBS 模板不同于自上而下法和自下而上法。自上而下法和自下而上法是创建新的 WBS 的两种方法，而应用 WBS 标准和 WBS 模板是对现有 WBS 资料的重复使用。

2.4.4 思维导图

思维导图（Mind Map）是一种用于可视化组织信息的图表。思维导图有助于将通过头脑风暴产生的创意整合成一张图，用来反映创意之间的共性与差异，从而激发新创意。

在预测型生命周期中，WBS 的思维导图如图 2-17 所示。

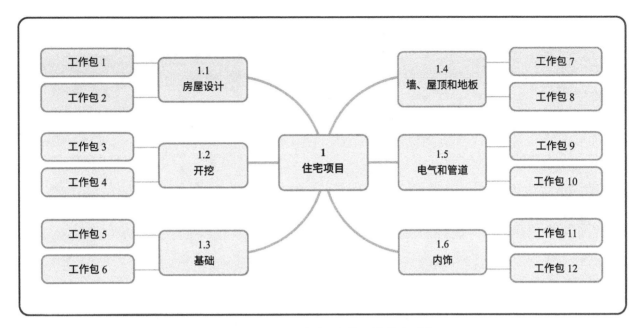

图 2-17 预测型生命周期的思维导图示例

在敏捷型生命周期中，WBS 的思维导图如图 2-18 所示。

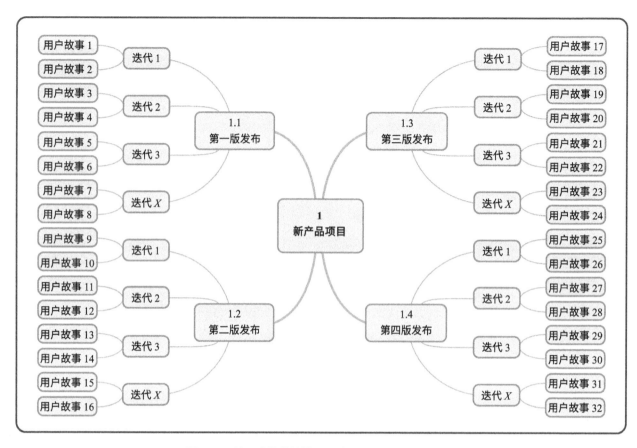

图 2-18　基于迭代的敏捷型生命周期的思维导图示例

2.4.5　WBS 词典

WBS 词典是针对 WBS 中的每个元素提供可交付成果、活动、进度计划和估算信息的文件。WBS 词典对 WBS 提供支持。随着 WBS 的不断完善，其他流程也将被添加到 WBS 词典。

WBS 词典中的内容可能包括（但不限于）：

◆　WBS 编码。

◆　工作描述。

◆　假设条件和制约因素。

◆ 负责任的个人、团队或组织。

◆ 进度里程碑。

◆ 相关的进度活动。

◆ 所需资源。

◆ 成本估算。

◆ 质量要求。

◆ 验收标准。

◆ 技术参考。

◆ 协议信息。

WBS 词典是 WBS 不可分割的一个重要文件，包含了重要的项目信息。WBS 词典定义、描述并说明了 WBS 的各个元素，以确保对 WBS 的每个组件都有明确的解释，从而便于使用 WBS 的人们了解这些信息。在 WBS 词典的编制过程中，经常会发现 WBS 本身存在的歧义或其他差错，从而导致对 WBS 的不断修订。

WBS 词典涵盖了关于 WBS 的每个元素的信息，涉及工作内容的详细描述、可交付成果、活动及与每个元素相关的里程碑。WBS 词典通常也会涉及所需资源的种类和数量，以及合同控制信息（如费用编号或其他的类似数据）。WBS 词典通常还涉及跟踪矩阵，以便将 WBS 和其他范围控制文件联系起来，如工作说明书或需求文件等。第 3.3 节提供了 WBS 词典的示例。

2.5 样式

WBS 的一个基本特征是，它通过将可交付成果逐层分解为更简单的组件来清晰、全面地定义项目的工作范围，从而提供了一个管理复杂项目的重要方法。项目经理分解项目的方法（在对项目工作进行分解时运用的逻辑）各不相同，这取决于所在组织的具体需要和需求，以及 WBS 应用方式。下面列举几个示例来说明这一点：

◆ 某组织可能按照非常严格的职能划分来构筑其结构，只通过少数的几个商业流程来保证不同部门之间的沟通。在这种情况下，如果子部门的工作是相互独立的，根据不同职能部门所独立完成的工作和可交付成果的组件来构筑分解结构可能更为合适。相反，在一个没有职能部门的项目型组织中，同样的可交付成果可以更有效地被分解为各个组件的层级。

◆ 对于按顺序、分阶段进行的新产品开发项目，因其后期工作要建立在前期工作成果的基础上，那么根据产品开发的生命周期，而不是产品的各个具体组件，来组织 WBS 可能更为合适。

◆ 对于一个创建新的连锁餐馆的项目集，那些在许多地区都有网点的餐饮组织可能发现，按照一系列位于不同地理位置的子项目来构筑 WBS 是特别重要的。而将诸如建筑施工、食品供应或销售等分包出去的集中化管理的企业可能认为，按照各个子系统来分解这个新的连锁餐馆的项目集更为合适。

有多种描述 WBS 的方式，包括图形、文本或表格样式。无论用哪种表示方式，WBS 都可以帮助项目团队更准确地预测成本、进度、资源需求和分配。

最常见的 WBS 表示方式的样式是：

◆ 层级式。

◆ 提纲式。

◆ 表格式。

2.5.1 层级式

图形化的层级结构是最常见的 WBS 表示方式之一，也被称为组织结构图。在这种类型的结构中，每个子元素用一个方框表示，并通过一条直线与由其构成的母元素连接。这种表示形式可以非常清楚地描绘出一个项目及其子项组件是如何逐层分解为更小元素的。最常见的结构是，将项目放置在顶层，向下依次为各个分解后的层次单元，如图 2-19 所示。

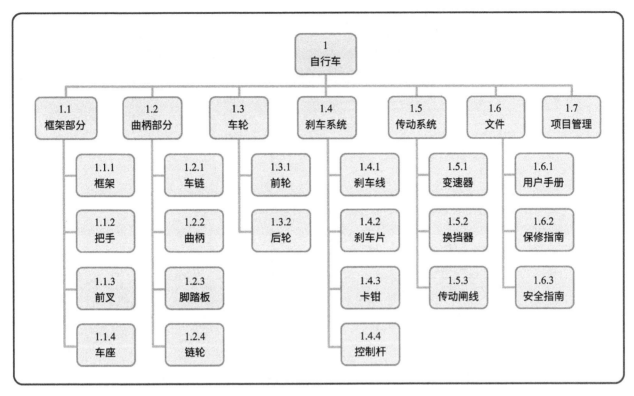

图 2-19　WBS 层级结构样式 1

2.5.2　提纲式

提纲是一种非常普遍的 WBS 表示方式。它采用逐层缩进的方式来表示 WBS 的各个层次，每个层次都有按字母顺序或数字顺序组成的编号。这种提纲式的 WBS 可以使用一些常用的工具来创建，包括文字处理程序或电子表格。（如表 2-4 和表 2-5 所示）。

表2-4　WBS——基础提纲样式

WBS 元素
1 自行车
1.1 框架部分
1.1.1 框架
1.1.2 把手
1.1.3 前叉
1.1.4 车座
1.2 曲柄部分
1.2.1 车链
1.2.2 曲柄
1.2.3 脚踏板
1.2.4 链轮
1.3 车轮
1.3.1 前轮
1.3.2 后轮
1.4 刹车系统
1.4.1 刹车线
1.4.2 刹车片
1.4.3 卡钳
1.4.4 控制杆
1.5 传动体系
1.5.1 变速器
1.5.2 换挡器
1.5.3 传动闸线
1.6 文件
1.6.1 用户手册
1.6.2 保修指南
1.6.3 安全指南
1.7 项目管理

表 2-5　WBS——缩进提纲样式

WBS 元素
1　自行车
1.1　框架部分
1.1.1　框架
1.1.2　把手
1.1.3　前叉
1.1.4　车座
1.2　曲柄部分
1.2.1　车链
1.2.2　曲柄
1.2.3　脚踏板
1.2.4　链轮
1.3　车轮
1.3.1　前轮
1.3.2　后轮
1.4　刹车系统
1.4.1　刹车线
1.4.2　刹车片
1.4.3　卡钳
1.4.4　控制杆
1.5　传动体系
1.5.1　变速器
1.5.2　换挡器
1.5.3　传动闸线
1.6　文件
1.6.1　用户手册
1.6.2　保修指南
1.6.3　安全指南
1.7　项目管理

在某些情况下,提纲式的 WBS 也可以不使用缩进方式,而只是用数字编号来简单地表示层级结构,如表 2-6 所示。

表 2-6　WBS——层级的提纲样式

层　次	WBS 编码	WBS 元素名称
1	1	自行车
2	1.1	框架部分
3	1.1.1	框架
3	1.1.2	把手
3	1.1.3	前叉
3	1.1.4	车座
2	1.2	曲柄部分
3	1.2.1	车链
3	1.2.2	曲柄
3	1.2.3	脚踏板
3	1.2.4	链轮
2	1.3	车轮
3	1.3.1	前轮
3	1.3.2	后轮
2	1.4	刹车系统
3	1.4.1	刹车线
3	1.4.2	刹车片
3	1.4.3	卡钳
3	1.4.4	控制杆
2	1.5	传动体系
3	1.5.1	变速器
3	1.5.2	换挡器
3	1.5.3	传动闸线
2	1.6	文件
3	1.6.1	用户手册
3	1.6.2	保修指南
3	1.6.3	安全指南
2	1.7	项目管理

不使用缩进方式可能让 WBS 的结构对读者来说不那么一目了然,但是可以节省一定的文档空间。

2.5.3 表格式

表格是另一种非常普遍的 WBS 表示方式，它用表格中的列来表示层级结构。在难以使用图形来表示 WBS 时（例如，所使用的文档是格式有限的文本文档），通常会使用表格式的 WBS（如表 2-7 所示）。

表 2-7　WBS——表格提纲样式

层次 1	层次 2	层次 3
1 自行车		
	1.1 框架部分	
		1.1.1 框架
		1.1.2 把手
		1.1.3 前叉
		1.1.4 车座
	1.2 曲柄部分	
		1.2.1 车链
		1.2.2 曲柄
		1.2.3 脚踏板
		1.2.4 链轮
	1.3 车轮	
		1.3.1 前轮
		1.3.2 后轮
	1.4 刹车系统	
		1.4.1 刹车线
		1.4.2 刹车片
		1.4.3 卡钳
		1.4.4 控制杆
	1.5 传动体系	
		1.5.1 变速器
		1.5.2 换挡器
		1.5.3 传动闸线
	1.6 文件	
		1.6.1 用户手册
		1.6.2 保修指南
		1.6.3 安全指南
	1.7 项目管理	

2.6 工作的表示方式

本章描述了 WBS 中的各种概念、实践和方法。为了在特定的情况下达到特定的目的，WBS 可以多种多样的方式表现出来。在给定项目的不同情况下，对一个 WBS 的描述经常存在多种方式。

以下是几种目前常见的示例格式。这些表示方式，以及这里没有涉及的其他表示方式，都详细说明了特定项目的范围。下面的示例代表了不同项目的各种 WBS。

2.6.1 示例 1：修建住宅

在以下表示方式中，"住宅项目"位于层次 1（顶层）。WBS 的层次 2 代表住宅项目的主要可交付成果（见图 2-20）。这个简化版本并不详尽，只用于说明目的。

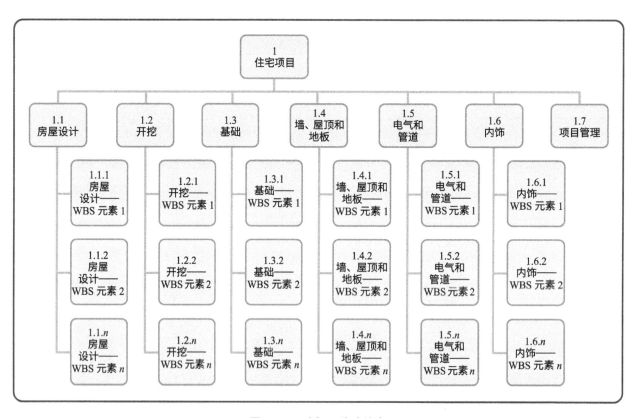

图 2-20 示例 1：修建住宅

2.6.2 示例 2: 组织聚会

在以下表示方式中, "聚会"位于层次 1, WBS 的层次 2 代表聚会的主要组件 (地点、菜单、饮品、邀请、娱乐) (见图 2-21)。

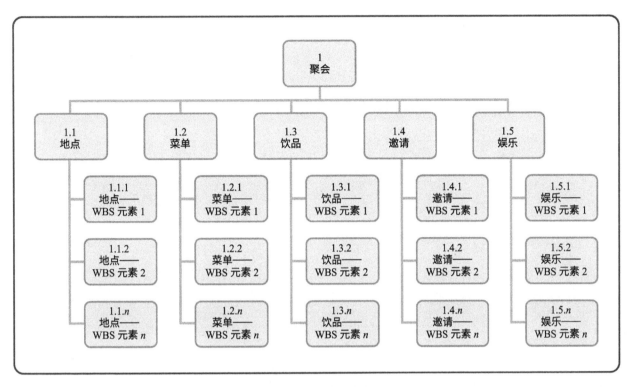

图 2-21 示例 2: 组织聚会

2.6.3 示例 3: 定制自行车

在以下表示方式中，"自行车"位于层次 1。WBS 的层次 2 代表自行车的主要组成部分（框架部分、曲柄部分、车轮、刹车系统、传动系统等）（见图 2-22）。

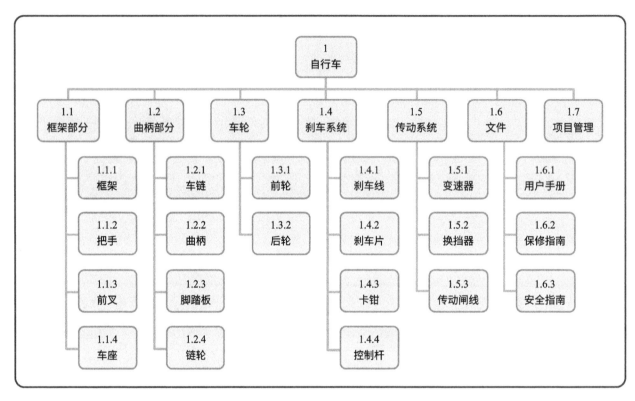

图 2-22 示例 3: 定制自行车

2.7 总结

总之，WBS 能够：

- 定义可交付成果的层级。

- 有利于与不同项目相关方的交流。

- 支持为实现最终目标或完成可交付成果所需的所有工作的定义。

- 用图形或文本提纲方式来表示项目的范围。

- 为整个项目生命周期的所有可交付成果提供框架。

- 作为整合和评估进度及成本绩效的机制。

- 有利于资源的分配。

- 有利于项目进展和状态数据的报告及分析。

- 为明确绩效目标提供框架。

- 为风险识别提供坚实的基础。

- 有利于其他项目管理过程。

- 为团队头脑风暴和协作提供工具。

- 有利于改善与相关方的沟通。

- 有利于避免范围蔓延。

- 当外包工作包时，为工作的采购说明提供基础。

第3章

关系、整合与环境

3.1 引言

WBS 本身并不能保证项目的成功，但应认识到 WBS 的以下作用。

◆ 定义项目的所有工作，并且仅定义项目的工作，因此可以澄清项目的范围。

◆ 体现所有项目团队成员的参与，确保一致性。

◆ 为以后的变更控制提供基准。

◆ 是其他项目管理过程的主要输入，如资源规划、成本估算、制订进度计划及风险识别等。

◆ 为项目控制、绩效监控提供框架，并为与所有相关方的交流提供基础。

◆ 确保项目工作与责任分配矩阵（Responsibility Assignment Matrix, RAM）和组织分解结构（Organizational Breakdown Structure, OBS）适当关联。

◆ 在《PMBOK®指南》、《项目集管理标准》和《挣值管理实践标准》[5] 等 PMI 的其他标准中，WBS 被认为是必要的规划可交付成果，可支持关键的项目管理职能。

经验丰富的项目经理都知道，无论他们在项目规划和实施过程中多么成功，项目的许多方面仍可能出现问题。而项目失败的根源往往是没有高质量的 WBS 或根本就没有 WBS。

低质量的 WBS 会带来很多问题，会阻碍项目的顺利进展，导致项目不能取得预期的成果。例如，

◆ 项目定义不完善，导致项目被持续拖延。

◆ 不明确的工作分配、目的、目标或可交付成果。

◆ 范围不明确或不可控，范围变更频繁。

◆ 预算超支。

◆ 不能按进度计划中的期限交付，或者进度延期。

◆ 新产品或特性不适用。

◆ 不可控的风险。

◆ 缺乏沟通。

◆ 方法缺乏一致性。

◆ 项目范围内的某些元素未能交付。

在本章的以下小节中，将详细介绍 WBS 在项目管理和项目集管理中的重要作用。

◆ 3.2 与其他标准的关系

◆ 3.3 创建 WBS

◆ 3.4 总结

3.2 与其他标准的关系

范围管理是其他 PMI 标准不可分割的一部分。这些 PMI 标准包括但不限于《PMBOK®指南》、《项目集管理标准》和《挣值管理实践标准》。正如《PMBOK®指南》及上述其他标准中所述,创建高质量的 WBS 是成功实施项目管理过程的关键。

通常,利用 WBS 的标准分为以下三种类型。第一,把 WBS 的输出结果作为输入。PMI 的《挣值管理实践标准》和《进度计划实践标准》[6]属于此类。由于来自 WBS 的输出结果有可预见性且易于理解,因此这些标准可以基于或比照本实践标准来制定。

第二,其他标准在定义范围时把 WBS(本实践标准所定义的)作为首选工具。例如,《PMBOK®指南》使用本实践标准来定义项目集和项目的范围,这些 PMI 标准都认为本实践标准代表了"良好实践"。例如,在根据 WBS 实践标准开始工作时,估算过的工作包和可实现的细分层次能为《进度计划实践标准》中的工作进度计划提供输入。

第三,其他标准将 WBS 输出的内容作为输入,并将它们输出的内容返回 WBS 实践标准,如《项目估算实践标准》[7]、《项目组合、项目集和项目风险管理标准》[8]和《项目经理能力发展框架》。在这些交互关系中,WBS 实践标准将 WBS 输入给《项目估算实践标准》以估算工作,然后将其发回本实践标准来创建工作包。

WBS 清晰定义了项目范围所包括的内容,同时也说明了哪些内容不包含在项目范围内。《进度计划实践标准》假定已经运用"良好实践"建立了高质量的 WBS,并且正确定义了项目范围。每项高层级(汇总)任务都必须与一个 WBS 元素相对应。如果一项活动或任务与 WBS 的工作包没有关系,那么这可能是因为 WBS 没有完全反映出整个项目范围,也可能是因为这项活动或任务本身是不必要的。

3.2.1 PMI 标准之间的关系图

图 3-1 展示了本实践标准与 PMI 标准库中其他标准之间的关系。

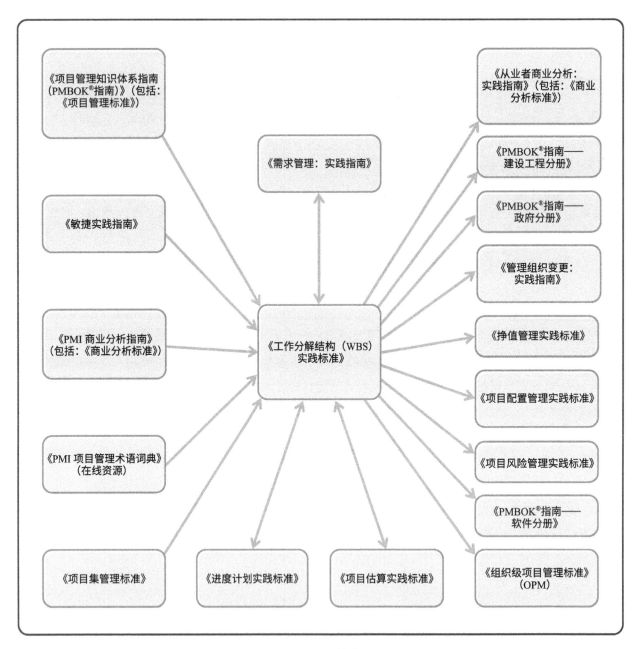

图 3-1　WBS 关系图

此图有助于建立由 PMI 标准库组成的文档之间的工作关系。如图所示，左侧列出的文档将信息传递给 WBS 以创建过程，右侧列出的文档从 WBS 接收信息。然而，在某些独特情况下，例如，在本实践标准的上方和下方列出的文档中，信息往返于 WBS。WBS 与需求保持一致并被应用于进度计划估算。

对图 3-1 中相互关系的解释有助于读者更好地理解相关内容。

◆ 《PMBOK®指南》：项目范围说明书、范围管理计划和需求文档为 WBS 实践标准提供了信息。

◆ 《敏捷实践指南》：WBS 帮助分解在待办事项生成和待办事项细化期间的所有工作。

◆ 《需求管理：实践指南》[9]：如前所述，高层级或初级需求流入 WBS 以建立要管理的范围基准。

◆ 《PMI 项目管理术语词典》：WBS 实践标准收录了项目管理专业中使用的词语的定义，并确保所有 PMI 出版物之间的一致性。

◆ 《项目集管理标准》：将需求和效益传递给 WBS，以确保项目集中的所有工作都能实现预期效益。

◆ 《项目估算实践标准》：WBS 为《项目估算实践标准》提供信息以确定工作估算，并反馈创建工作包所需的工作和持续时间的估算。

◆ 《项目组合、项目集和项目风险管理标准》：WBS 为《项目组合、项目集和项目风险管理标准》提供信息以评估和反馈风险，并将其记录到风险登记手册中以确保成功交付，但是这可能导致 WBS 自身出现额外的工作。

◆ 《进度计划实践标准》：《进度计划实践标准》将 WBS 作为范围基准（一个已批准的 WBS 版本正处于范围控制下），并一同安排工作包与依赖关系的进度。

◆ 《PMBOK®指南——软件分册》[10]：WBS 向《PMBOK®指南——软件分册》提供的信息与《PMBOK®指南》类似，均阐明了所有已分解的工作。

- 《从业者商业分析：实践指南》[11]：WBS 在需求跟踪矩阵中向商业分析专业人士提供信息以进行跟踪和监控。商业分析专业人士根据组织需求和能力来建立并定义解决方案的需求。

- 《项目配置管理实践标准》[12]：WBS 为《项目配置管理实践标准》提供信息以构建信息库。

- 《挣值管理实践标准》：WBS 为《挣值管理实践标准》提供信息，并以各种方式用于评估、监控挣值管理的各个方面。

- 《PMBOK®指南——建设工程分册》[13]：WBS 向《PMBOK®指南——建设工程分册》提供的信息与《PMBOK®指南》类似，均阐明了所有已分解的工作。

- 《PMBOK®指南——政府分册》[14]：WBS 向《PMBOK®指南——政府分册》提供的信息与《PMBOK®指南》类似，均阐明了所有已分解的工作。

- 《PMI 商业分析指南》（包括：《商业分析标准》）[15]：在商业分析的过程中，通常被用于制定与创建 WBS 成果有关的信息。

从宏观上讲，这些都是与执行《PMBOK®指南》[《PMBOK®指南》（第六版），表 1-4] 中描述的项目过程相关的标准之间的相互作用。在实践标准中提供的细节和定义可以让项目管理实践人员磨炼技能并对每个主题有更深刻的理解。该表中的每个过程都有输入和输出，范围基准出现的任何地方都有已确认的 WBS。当创建 WBS 时，它处于制定范围基准的阶段，在这些过程中提到的工作包也是 WBS 的输出。

3.2.2　《PMBOK®指南》

作为 PMI 项目管理全球标准的《PMBOK®指南》讨论了项目管理实践。项目管理的核心元素是范围管理，《PMBOK®指南》中论述了将 WBS 作为工具来管理和监控项目范围的益处。

3.2.2.1　与其他过程组的关系

WBS 的创建体现在"制定 WBS 规划过程"（《PMBOK®指南》）中。同时，WBS 也在其他项目管理过程中扮演着不可缺少的角色。表 3-1 列举了一些典型的（并非全部的）例子。表中的数字表示该过程在《PMBOK®指南》中对应的节号。

表 3-1　WBS 在《PMBOK®指南》过程组中的重要性

过 程 组	过　　　程	节　　号	WBS 在过程中的重要性
规划	创建 WBS	5.4	● WBS 进一步明确了整个项目范围
	定义活动	6.2	● WBS 是该过程的输入，因为它是范围基准的一个组件
	排列活动顺序	6.3	● WBS 是该过程的输入
	估算活动持续时间	6.4	● WBS 是该过程的输入
	制订进度计划	6.5	● WBS 是该过程的输入
	制定预算	7.3	● WBS 是该过程的输入 ● WBS 确定了费用分配对应的项目可交付成果
	规划质量管理	8.1	● WBS 是该过程的输入。如果在此过程中识别了更新的 WBS，那么 WBS 也是该过程的输出
	规划资源管理	9.1	● WBS 是该过程的输入信息来源，也是项目计划的重要组件
	估算活动资源	9.2	● WBS 是该过程的输入信息来源，也是项目计划的重要组件
	风险识别	11.2	● WBS 确定了必须进行风险事件评估的项目可交付成果
	实施定量风险分析	11.4	● 可以更新 WBS，以便纳入风险管理所需的工作及可交付成果
	规划风险应对	11.5	● 如果该过程要求更新 WBS，那么 WBS 也是该过程的输出
	规划采购管理	12.1	● WBS 是该过程的输入
执行	管理质量	8.2	● 项目管理计划的 WBS 部分确保了所有的项目范围都是按要求交付的，并根据需要对 WBS 进行更新，以确保与质量预期保持一致
	实施采购	12.2	● WBS 是项目管理计划的一部分，以确保所有的预期工作都可以实现
	指导与管理项目工作	4.3	● 项目管理计划的 WBS 部分有助于开发工作绩效数据，并将其作为显示项目当前状态的状况报告
监控	实施整体变更控制	4.6	● WBS 是该过程的输入。如果由于这个过程而对 WBS 进行了更新，那么它也是该过程的一个输出。此过程是对范围基准进行变更的过程
	确认范围	5.5	● WBS 简化了对已完成可交付成果的正式验收过程
	控制范围	5.6	● WBS 是该过程的输入，也是项目计划的主要组件 ● 如果范围变更了，就必须及时调整 WBS，以便后续变更能够基于一个更新的且各方同意的项目基准 ● WBS 有利于项目经理评估范围变更带来的影响
	控制进度	6.6	● WBS 是该过程的输入。如果在此过程中识别了更新的 WBS，那么 WBS 也是该过程的输出

3.2.2.2　与输入、工具、技术和输出的关系

很多项目管理过程都将 WBS 或其组件用作输入或对其进行更新（请参阅《PMBOK®指南》第 5 章）。以下是使用这些过程的一些组件。

◆ **项目章程（Project Charter）**——项目章程是 WBS 的起点。WBS 中的最高层次元素应该代表项目章程中所描述的项目的最终产品、服务或结果。如果在创建 WBS 的过程中发现很难描述项目的主要产品，那么项目管理团队就要重新审查项目章程以确定对项目产品的定义是否充分和完整。

◆ **项目范围说明书（Project Scope Statement）**——项目范围说明书清晰、扼要地描述了项目是什么及计划实现什么。WBS 中的高层次元素的名称应该与项目范围说明书中对项目成果的描述用语完全一致。如果项目管理团队很难在范围说明书中找出可以用作 WBS 高层次元素的用语，那么他们就应该认真检查范围说明书，从而确定其是否涵盖了所有的项目成果和可交付成果。WBS 词典也可以用来进一步说明和澄清每个可交付成果。

◆ **项目集 WBS（Program WBS）**——WBS 可以用来定义项目集和项目的范围。例如，为了管理一个或多个构成项目集的关联项目，建立项目集管理办公室通常能够实现工具、技术、方法、实践和资源的共享。WBS 必须清楚地表明在单个项目或项目集的范围定义中详细分解的工作包之间的关系。在进行战略变革时，考虑对项目集和项目的影响是很重要的，因为 WBS 准确地反映了当前的战略计划。

◆ **资源分解结构（Resource Breakdown Structure, RBS）**——资源分解结构描述了项目的资源组织情况，当与 WBS 一起应用时可以明确对每个工作包的资源分配。而工作包和 RBS 的关联可以用来验证是否所有项目团队的成员都已被分配了适当的工作包，以及是否所有工作包都有对应的责任人。

在图 3-2 中，将在第 5 章介绍的自行车项目示例就利用了 RBS 来说明表 5-1 中所示工作包需要的团队构成，即这个项目需要从组织的职能部门获取这些资源。

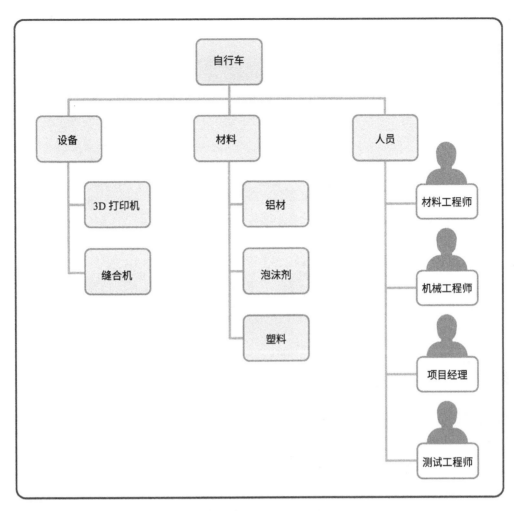

图 3-2　某企业的 RBS 示例

◆ **组织分解结构**（Organizational Breakdown Structures, OBS）——OBS 与 WBS 的关联并不紧密。OBS 展示了组织结构的层次，使得项目的工作包可以与负责实施的组织部门联系起来。这个工具强调了一个原则，即每个工作包都应该对应一个唯一的责任人。对于项目经理来说，OBS 的作用在于它清晰地描述了个人或集体的层次结构，而 WBS 是严格按照可交付成果来组织的。

图 3-3 展示了某企业的组织结构示例。项目从这些职能部门（如项目管理办公室、工程组或质量组）中抽调人员，为项目或工作包的 RBS 提供人员。

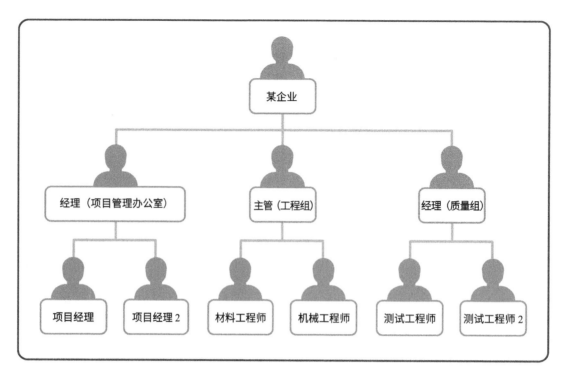

图3-3　某企业的OBS示例

◆ **WBS 词典（WBS Dictionary）**——WBS 词典是 WBS 不可分割的一个重要文件，包含了重要的项目信息。WBS 词典定义、描述并说明了 WBS 的各种元素，从而确保对 WBS 的每个组件都有明确解释，以便与使用 WBS 的人们沟通。在 WBS 词典的编制过程中经常会发现 WBS 本身存在的歧义或其他差错，从而导致对 WBS 的不断修订。WBS 词典涵盖了关于 WBS 的每个元素的信息，涉及工作内容的详细描述、可交付成果、活动及与每个元素相关的里程碑。WBS 词典通常也会涉及所需资源的种类和数量，以及合同控制信息（如费用编号或其他的类似数据）。通常，WBS 词典会包括跟踪矩阵，以便将 WBS 和其他范围控制文件联系起来，如工作说明书或需求文件等。

WBS 词典通常包含了成本控制和资源分配信息，表 3-2 列出了 WBS 词典组件的定义。在工作包中用到的组件会在之后的章节进行定义。

表 3-2　WBS 词典组件描述

WBS 词典组件	WBS 词典组件描述
层次	工作分解中的相对位置；WBS 的每个下降层次都代表对项目工作更加详细的定义
WBS 编码	分配给每个 WBS 元素的独特标识号
元素名称	定义工作分解的标签
定义	工作内容的描述
成本控制编号	分配给每个 WBS 元素的独特财务标识号
负责的组织	执行工作的主要法人实体

工作包处于 WBS 的最低层次。表 3-2 描述的词典组件与表 3-3 中的信息相结合，详细说明了工作包可以用来驱动项目进度计划、估算、管理和控制等工作。尽管此表无法做到面面俱到，但是足以代表一般情况下的内容，并且为如何创建成功的工作包提供了指导意见。

表 3-3　工作包组件描述

工作包组件	工作包组件描述
WBS 编码	1.1.2
假设条件和制约因素	供应商生产标准
进度里程碑	从订购之日起 3 个月交货
相关的进度活动	设计要求在订购后 10 天内完成
所需资源	供应商标准
成本估算	根据供应商协议，每个把手 9.00 美元
质量要求	参考质量手册 X-46 和 X-49
验收标准	参考供应商合同
技术参考	参考供应商合同
协议信息	主协议不需要

◆ **项目进度网络图**（Project Schedule Network Diagram）——项目进度网络图把 WBS 中定义的工作内容按照一定的顺序进行安排，是揭示项目依赖关系和风险的有效工具。项目进度网络图把 WBS 工作包中的活动进行安排，并反映它们之间的先后顺序。在项目进度网络图的制作过程中，经常会暴露 WBS 存在的问题，如分解得不够充分，某一元素被分配了过多的工作，或者某单一元素被分配了多个责任人等，因此会导致要对 WBS 做必要的修改。

项目进度网络图是进度模型中的输出信息，它显示了为 WBS 生成可交付成果而定义的活动的顺序安排。分析这些信息可以发现项目的依赖关系、风险和 WBS 中的问题，如分解得不够充分，某一元素被分配了过多的工作，或者某一个元素被分配了多个责任人等，因此会导致要对 WBS 做必要的修改。

◆ **项目进度计划**（Project Schedule）——WBS 的各类元素是对项目进度计划中的活动进行定义的起点。通常，在进度计划完成时将假设条件记录在假设日志中，以便其他资源理解进度计划的创建环境。

在 WBS 词典中记录的内在依赖关系及其所描述的活动，都是进度模型的关键细节。

3.2.3 《敏捷实践指南》

对于迭代型、增量型或敏捷型项目来说，WBS 和产品待办事项列表能够实现工作可视化。在使用待办事项列表时，可能无法估算完成工作所需的预算和资源。最终，预算和资源将以与项目发起人商定的数额耗尽，从而导致需要额外的资金来完成工作或立即停止工作。在项目执行过程中，将工作可视化对范围管理至关重要。工作可视化能够让团队成员和产品负责人在交付预期方面保持一致。

在敏捷型项目中，管理待办事项列表有助于在开发史诗和用户故事时划分工作；基于商业价值对待办事项列表进行排序有助于按优先序列执行。一旦生命周期开始交付被选择的用户故事，周期中的工作就不会停止或变更，直到此次发布完成后，才会在下一个周期重新排序。

3.2.4 《挣值管理实践标准》

挣值管理是整合范围、进度和资源，同时客观衡量项目绩效和进度的管理方法。挣值管理使用的数据来自基于"良好实践"而创建的 WBS 元素。如果 WBS 元素未能被适当地分解或制定，如定义不明确、范围太大、持续时间过长或有其他问题，那么将很难衡量项目的挣值。高质量的 WBS 是《挣值管理实践标准》所依赖的关键输入。

3.2.5 《组织级项目管理标准》（OPM）[16]

在着手实施 OPM 时，有一个完整的项目范围并了解项目需求是至关重要的。一个完整的 WBS 包含了建立项目管理办公室或项目管理方法的全面定义，包括过程、技术和组织变革。OPM 的实施通常是以项目集形式进行的组织转型。

3.2.6 《项目集管理标准》

《项目集管理标准》描述了如何实现各个关联项目的最佳管理。该标准假设，每个关联项目的 WBS 都是根据"良好实践"创建的，都准确地描述了项目范围。

3.3 创建 WBS

考虑标准之间的概念交互，下面将介绍如何将它们应用到实际工作中，并展示其应用。为了简易性和一致性，下面将以生产自行车为例。以生产自行车为例是恰当的，因为（1）它被广泛了解；（2）它是一个相对简单的机械模型；（3）它还可以被视为一个由零部件和半成品构成的系统。

分解是 WBS 的核心。传统 WBS 的创建只包含名词，没有动词，通常包含瀑布型生命周期或预测型生命周期。第 2 章描述了不同类型的分解，以及多种 WBS 的示例。最后，介绍了如何在考虑预测型、迭代型、增量型和敏捷型生命周期的情况下理解生产自行车的 WBS。这里的重点是，指导读者使用适用其特定行业的分解类型和生命周期来创建一个完整的工作视图。

3.3.1 分解工作

分解是一种把项目范围和项目可交付成果逐步划分为更小、更便于管理的组成部分的技术。工作包是 WBS 最低层次的工作，可对其成本和持续时间进行估算和管理。分解的程度取决于所需的控制程度，以实现对项目的高效管理；工作包的详细程度则因项目的规模和复杂程度而异。要把整个项目工作分解为工作包，通常需要开展以下活动。

◆ 识别和分析可交付成果及相关工作。

◆ 确定 WBS 的结构和编排方法。

◆ 自上而下逐层细化分解。

◆ 为 WBS 的组成部分制定和分配标识编码。

◆ 核实可交付成果的分解程度是否恰当。

创建 WBS 的方法多种多样，常用的方法包括自上而下法、组织特定的指南和 WBS 模板。另外，自下而上法可用于归并较低层次的组件。WBS 的结构可以采用多种形式，例如，

◆ 以项目生命周期的各阶段作为分解的第二层，把产品和项目的可交付成果放在第三层。

◆ 以主要可交付成果作为分解的第二层。

◆ 纳入由项目团队以外的组织开发的各种较低层次的组件（如外包工作）。随后，作为外包工作的一部分，外包方须制定相应的合同 WBS。

◆ 对 WBS 较高层次的组件进行分解，就是要把每个可交付成果或组件分解为最基本的组件，即可核实的产品、服务或成果。如果采用敏捷方法，则可以将史诗分解成用户故事。WBS 可以采用提纲式、组织结构图或能说明层级结构的其他形式。通过确认 WBS 的较低层次组件是完成上层相应可交付成果的必要且充分的工作，来核实分解的正确性。不同的可交付成果可以分解到不同的层次。

一些可交付成果只须分解到下一层，即可到达工作包的层次，而另一些则须分解更多的层次。将工作分解得更细致，可以增强规划、管理和控制工作的能力。但是，过细的分解会造成管理工作的无效耗费、资源的低效使用、实施工作的效率降低，同时造成难以对 WBS 各层次的数据进行汇总。

对于计划中的可交付成果或组件，可能无法对其进行分解。项目管理团队通常需要等到对该可交付成果或组件达成一致意见后，才能够制定出 WBS 中的相应细节。分解是一种渐进明细的规划方式，适用于使用敏捷或瀑布式方法的工作包、规划包和发布规划。这种技术有时被称作滚动式规划。

WBS 代表了全部的产品和项目工作，包括项目管理工作。如第 2.3.1 节所述，通过把 WBS 底层的所有工作逐层向上汇总，来确保既没有遗漏的工作，也没有多余的工作。

3.3.2 生命周期和不同分解类型的示例

以下示例应用了预测型生命周期、迭代型生命周期、增量型生命周期和敏捷型生命周期。示例使用不同的分解类型来帮助项目管理实践人员理解这些生命周期在实践中的不同之处。附录 X3 包含了不同行业的 WBS 示例，展现了在遵循 100% 原则的情况下，如何组织工作的其他出发点或想法。

3.3.2.1　预测型生命周期

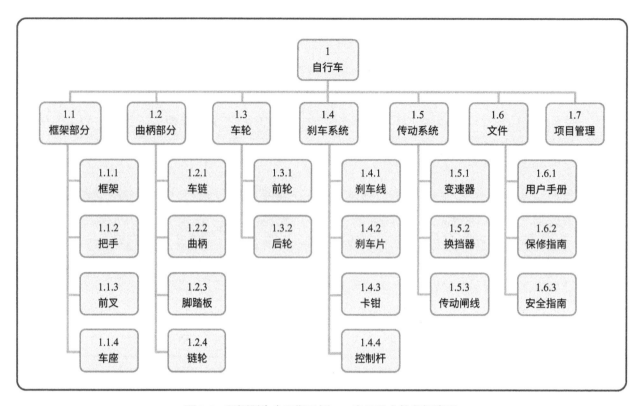

图 3-4　预测型生命周期示例——产品导向的分解类型

　　图 3-4 从自行车产品层次的第 1 层开始，展示了传统的 WBS。第 2 层是组成自行车的各种系统。需要注意的是，第 2 层包含了项目管理，以考虑所有的工作，解决关键的项目管理实践，并获取产生的可交付成果。应用第 2.2.5 节介绍的分解类型的关键概念和特征，说明了该分解包含产品导向的事项。第 3 层将工作分解为由内部制造团队产生的更小的工作包。同样，将分解类型应用到第 3 层以揭示更多产品导向的事项。

　　表 3-4 和表 3-5 将 WBS 词典和工作包标准应用于图 3-4 所示的自行车示例。采用表格格式可以提高其可读性，但通常要采用业务所需的表格布局。本示例在 WBS 词典和工作包中展示了第 3 层的把手，但并不代表这是自行车 WBS 的完整词典。

表 3-4　自行车 WBS 词典示例

WBS 词典	WBS 词典示例
层次	3
WBS 编码	1.1.2
元素名称	把手
定义	使用者可以用把手控制自行车。把手也可以作为刹车、车灯和其他配件的连接点。客户可以选择不同样式
成本控制编号	CC2019-111
负责的组织	供应商 Gamma

表 3-5　自行车工作包示例

工作包组件	工作包组件示例
WBS 编码	1.1.2
假设条件和制约因素	供应商生产标准
进度里程碑	从订购之日起 3 个月交货
相关的进度活动	设计要求在订购后 10 天内完成
所需资源	供应商标准
成本估算	根据供应商协议，每个把手 9.00 美元
质量要求	参考质量手册 X-46 和 X-49
验收标准	参考供应商合同
技术参考	参考供应商合同
协议信息	主协议不需要

如图 3-5 所示，该 WBS 在图 3-4 的基础上添加了阶段导向的分解类型，它在第 2 层创建了分阶段。将工作划分至生命周期的不同阶段，有利于在管理周期内进行分析。两者之间并无优劣之分，但该 WBS 确保了工作的可说明性和可视化。

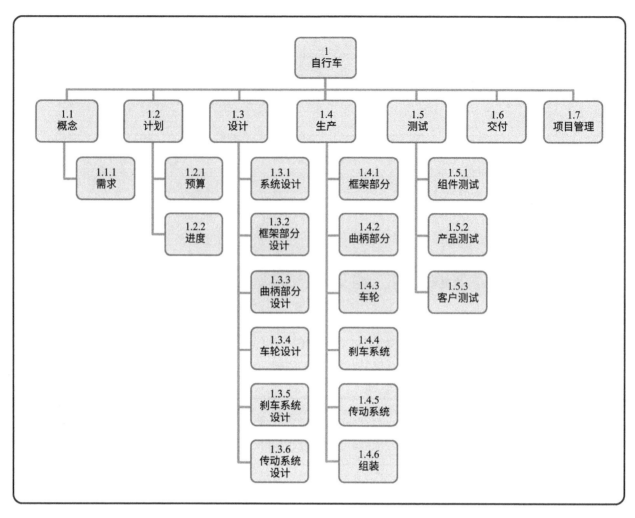

图 3-5 预测型生命周期示例——产品导向和阶段导向的分解类型

　　如图 3-5 所示，第 1 层是产品或自行车。第 2 层是以项目管理为结束的阶段导向型周期，从而确保对所有工作进行估算、规划和进度安排。在过程早期进行信息收集和客户批准后，开始下一个计划周期。在计划过程中，为了创建产品需要制定预算和进度表。接下来是设计周期，需要与客户一起进行自行车设计。一旦设计被批准，便进入生产周期，自行车设计组件的生产也随之开始。生产的各组件被批准后，需要进行测试来确保制造的组件在组件和系统层面可以按设计运行。最后，进行客户测试和交付准备工作。项目管理工作发生在每个生命周期中，以便更好地进行管理工作。

3.3.2.2 迭代型生命周期

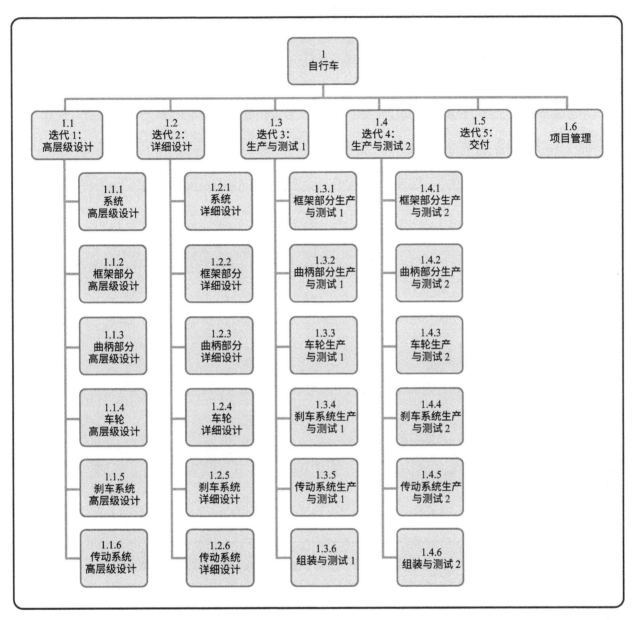

图 3-6 迭代型生命周期示例——待办事项导向的分解类型

如图 3-6 所示，第 1 层是产品（自行车）。第 2 层是迭代（设计的迭代、生产与测试产品组件的迭代）。项目管理在第 2 层，以确保考虑了所有的工作。根据所遇到的场景，市场营销和沟通或其他成功所需的职能可能成为工作的一部分。这并不是唯一的解决方案，但它是适用于当前场景的解决方案。在该场景中，计划包括两次迭代，如果出现其他场景，则对 WBS 增加额外的迭代。这个场景展示了自行车的高层级设计和组件的相关文档，在详细设计期间会确定设计的细节、规格范围和油漆颜色。随后，进行详细设计的生产与测试。每个后续的生产与测试都是详细设计的另一次迭代。

3.3.2.3 增量型生命周期

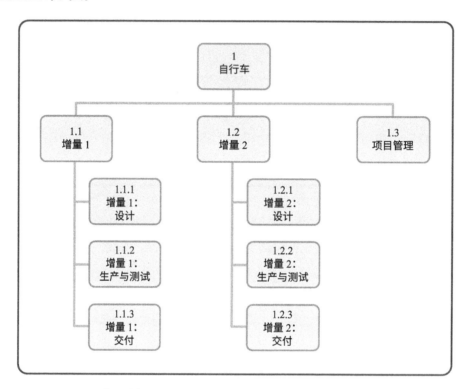

图 3-7　增量型生命周期示例——待办事项导向和阶段导向的分解类型

如图 3-7 所示，第 1 层是产品（自行车）。第 2 层是增量型生命周期，它展示了两个增量发布和项目管理，这确保了所有工作的可视化，以及对预算、资源和进度的适当规划与考虑。第一个增量包括设计、生产、测试并交付自行车。第二个增量为自行车增加了一个不同的把手，这是为喜欢更高把手的客户提供的一个增量变更。图 3-5 以第一个增量为基础，显示了每个组件的设计细节，以及每个组件的生产与测试。

3.3.2.4　敏捷型生命周期

对于敏捷型生命周期的示例，利用自行车示例可以帮助读者理解在使用敏捷方法时，情况会有什么不同。

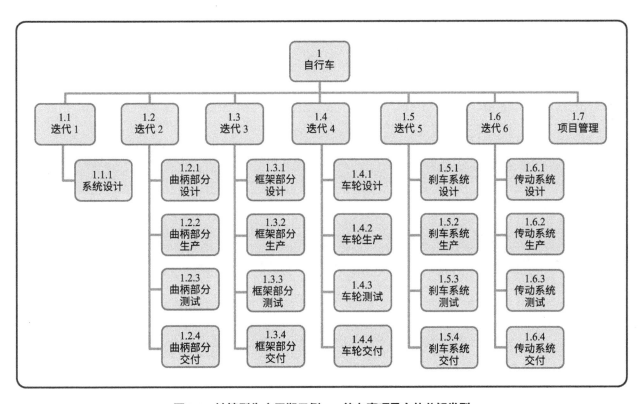

图 3-8　敏捷型生命周期示例——待办事项导向的分解类型

如图 3-8 所示，在敏捷型生命周期中，第一次迭代是系统设计。待办事项和用户故事可以利用故事点来确定工作的大小。团队通过为每个发布分配用户故事来准备未来的迭代，决定生产自行车的每个功能部件，并将其投放使用。在创建完整的自行车后，敏捷流程可以快速地为自行车提供新的可用组件，并与市场偏好保持一致。第 1 层从产品开始，而第 2 层由迭代组成，在每次迭代后进行功能展开。项目管理 WBS 元素的存在是为了确保所有的工作已被考虑。

3.4　总结

WBS 是成功规划和实施项目的重要工具。很多项目没能按要求的成本、进度和质量完成，都可以直接归因于项目 WBS 的创建不够完善。没有高质量的 WBS，项目将很难成功。相反，创建并应用高质量的 WBS 将极大地增加项目成功的机会。第 4 章将详细阐述高质量 WBS 的特点及组件。

第 **4** 章
—

WBS 质量

4.1　引言

　　本章详细描述了一系列高质量 WBS 的内在指导原则满足标准要求的程度。本实践标准认为，质量的定义是："一系列内在特性满足要求的程度 [《PMBOK®指南》（第六版），第 718 页]。"这种对要求的符合性和使用的适用性满足了高质量 WBS 的既定目标。

　　本章确定并描述了高质量 WBS 的指导原则。本章还说明了结构不良的 WBS 的负面影响，并为项目经理提供了评估工具。第 4 章包括以下小节：

◆　4.2 使用质量指导原则

◆　4.3 WBS 示例分析

◆　4.4 高质量 WBS 诊断核对单

◆　4.5 总结

4.2　使用质量指导原则

　　有许多原因可以解释为什么一个高质量且完整的 WBS 对项目的整体成功是有价值的。以下是一些关键原因：

◆　保证所需完成工作的完整性，以满足项目目标。

◆　提供一个框架来管理和控制工作包。

◆　作为制订项目进度计划的框架。

◆ 提供一个大型工作包的分解流程。

◆ 提供文本、图形或表格形式的项目范围分解结构。

◆ 帮助相关方理解和沟通项目范围。

◆ 避免重复的工作包。

◆ 帮助验证项目范围的一致性、完整性及需求合规性。

在下面的几节中，本实践标准详细说明了每个 WBS 所遵循的核心指导原则、在不同项目生命周期中使用高质量 WBS 时的裁剪注意事项，以及在项目集中使用 WBS 时这些指导原则的细微差别。

4.2.1　高质量 WBS 的核心属性

核心属性对于每个 WBS 都是必需的，因为这些属性使 WBS 能够满足大多数项目通常的需求。

对于核心质量属性，不管其是否已包含在 WBS 中，它们都代表一个 WBS 在成功项目中作为有效工具所需要的最少特定属性。在评估或创建 WBS 时，依据其是否体现了这些核心属性，就能判断它是否是高质量 WBS。具有以下核心质量属性的 WBS 反映了充分和完整的高质量。

◆ 定义了项目的范围,包括项目范围所定义的 100% 的工作;每个分解层次都包含母层次的 100% 的工作。

◆ 明确不同层次的工作，并允许将项目范围准确地传达给相关方。

◆ 允许更简单地评审和审计 WBS 工作包。

◆ 涵盖内部的、外部的和即将完成工作的中期可交付成果，包括项目管理。

◆ 包含工作包，以清晰地识别为了交付工作包而要完成的任务。

◆ 提供图形化的、层级式的项目范围分解结构。

◆ 包含以名词或形容词，而不是以动词来定义的元素。

◆ 在层级结构中排列主要和次要的可交付成果。

◆ 每个元素都有一个编码，无论采用何种表示方式，如表格式或提纲式，都能够清楚地表示元素的层级性。

- ◆ 包含两个层次，其中至少有一个已分解的层次。

- ◆ 由具体实施项目工作的一组人来创建，而不是由一位专家来创建。

- ◆ 在创建时，得到了来自主题专家及其他项目相关方（如财务和业务经理等）的技术支持。

- ◆ 随着项目范围的渐进明细而不断迭代改进，直到项目范围被确定为基准为止。

- ◆ 根据项目变更控制流程而不断更新。

4.2.2　高质量 WBS 的裁剪方法

在需求不断变更、风险高、不确定性大的应用迭代型或敏捷型生命周期的项目中，项目的范围在项目开始时并不总是完全清晰的。因此，频繁地回顾 WBS 以确保质量属性的实现是至关重要的。WBS 代表了一个成功的项目成果所交付的当前全部工作包。在应用敏捷型生命周期时，采用上述每个核心属性是很重要的。应用 100% 原则并与执行项目的成员一起完成 WBS 也是很重要的。对于敏捷型生命周期来说，通常的做法是，使用一种媒介来创建可轻松适应团队环境的 WBS，如使用便签来表示工作包。在敏捷型生命周期中创建 WBS，使用亲和图来排列便签是一种常见的裁剪方法。

敏捷型生命周期有意缩减了在项目早期阶段用于范围定义和 WBS 分解的时间，而将更多的时间放在建立用于项目后期完善和细化的流程上。然而，不论项目启动和规划的可用时间有多少，在四个项目生命周期中，建立高质量 WBS 对于项目的成功是至关重要的。此外，在每个变更被批准之后，通过变更控制委员会回顾 WBS，以再次确认 WBS 反映了 100% 的工作，这对于项目的成功也是至关重要的。

4.2.3　项目集质量方法

WBS 对于项目和项目集都是至关重要的。WBS 在这些层面的使用正在日益增长。在项目集 WBS 和项目 WBS 之间没有概念上的区别。在更广泛的层面上创建的高质量 WBS 与在单个项目层面上创建的高质量 WBS 具有完全相同的特征和属性。项目集 WBS 和项目 WBS 的本质区别只是范围。

WBS 的使用界定了项目集和项目的范围。例如，通过共享的工具、技术、方法、实践和资源来建立项目集管理办公室，可以将一个或多个相关的项目当作项目集来进行管理。项目 WBS 应该清楚地说明在单个项目集和项目（或更高层面）范围定义中高度分解的工作包之间的关系。如果进行了战略变更，在正确地创建了考虑这些更高层面因素的项目 WBS 的前提下，就可以更容易地计算对项目、资源和预算的影响。

高质量的项目集 WBS 提供了项目集的概述，并详细说明了每个组件对项目集目标的贡献。高质量的项目集 WBS 具有适当的分解层次，以便项目集经理对该组件中的已完成工作进行控制。通常，上述内容是项目集组件的前两个层次，但可以根据项目而变化。高质量的项目集 WBS 将有足够的深度来管理和控制项目集。高质量的项目集 WBS 应该是项目集主进度计划的基准框架，而不是每个项目组件的详细进度计划。高质量的项目集 WBS 将包括项目集工作的全部范围，如（但不限于）项目集组件、程序、计划、标准、流程、可交付成果、项目集管理办公室支持的可交付成果等。不属于项目集 WBS 中的事项不在项目集的范围内。

在第 4.2.1 节定义的项目 WBS 的核心属性也适用于项目集 WBS。随着范围的增加，验证整个工作和可交付成果的难度也显著增加。

4.3　WBS 示例分析

这些 WBS 示例描述了某个假想的组织按客户要求的规范来生产自行车。这些示例表示了四个不同的生命周期：预测型、增量型、迭代型和敏捷型生命周期。与示例相关的分析说明均参照了高质量 WBS 所应具备的特点。图 4-1 描述了示例项目的简化 WBS。这是一个自行车设计和生产的项目，该 WBS 示例包括此示例项目的工作内容。

4.3.1 预测型生命周期

图 4-1 是一个有注释的使用预测型生命周期的 WBS 示例。

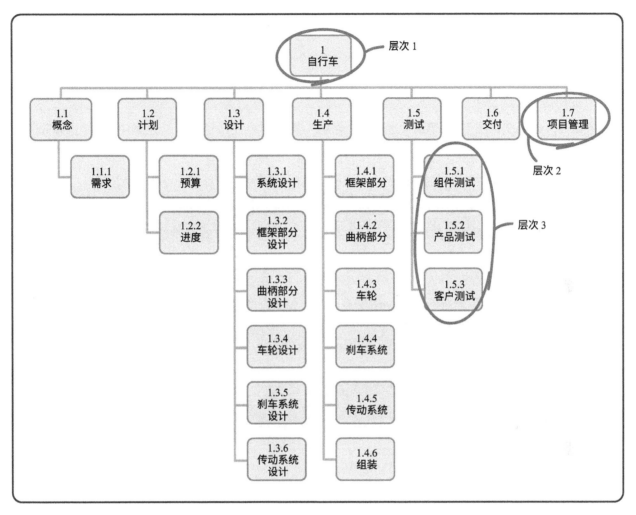

图 4-1　有注释的预测型生命周期 WBS 示例

层次 1：该层次包括生产自行车所需的全部工作范围，还包括直接或间接的工作。层次 1 表示项目或总产品。在这个示例中，最高层次由一个（产品）名称和一个 WBS 标识共同表示，以将其与项目集中的其他 WBS 区分开来。但情况并非总是如此。对于一个单独的项目，最高层次的标识就没有必要了。当省略最高层次的标识时，WBS 其他层次的编号也会做相应的调整。

层次 2：这是分解的第一个层次。在 WBS 的整个创建过程中都应遵循 100%原则，而不仅针对这一层次。

层次 3：该层次把层次 2 的各个元素分别分解为更小的组件，是对工作范围中主要内容的高层级分解。它包括产品的基本组件，以及集成和项目管理。框架部分主要包括车座、把手，以及连接车轮及其他部件的部分。曲柄部分包括脚踏板、轴承、曲柄及链轮等。刹车系统包括刹车片，以及连接车轮、刹车线、控制杆等的机械装置。传动系统包括前/后换挡器、传动闸线和控制杆。传动这个层次的编号为#.#.#。例如，框架部分的编号为 1.4.1。该层次面向项目工作的特定的、有形的可交付成果。

层次 4：没有在图中显示，如果适用，层次 3 中的元素也可以在这一层次进一步分解。同样，工作的复杂程度决定了 WBS 分解的深度和层次数。这个层次的编号为#.#.#.#。

4.3.2　增量型生命周期

图 4-2 是一个有注释的使用增量型生命周期的 WBS 示例。

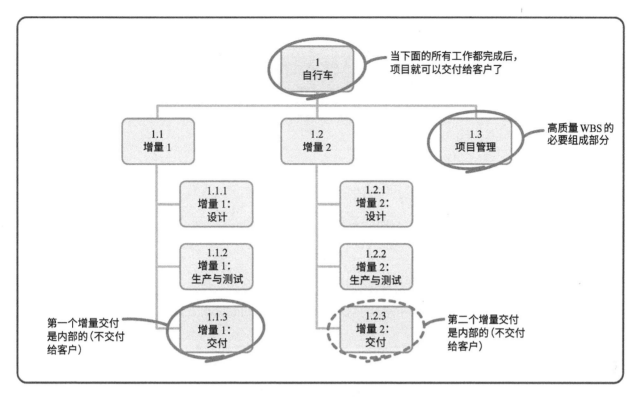

图 4-2 有注释的增量型生命周期 WBS 示例

层次 1：与预测型生命周期相似，这个层次包括生产自行车所需的全部工作范围，还包括直接或间接的工作。层次 1 表示最终交付给客户的总产品（产品或服务），而不考虑完成它所需要的增量数量。高质量 WBS 将包含所有需要的增量，以满足项目组合、项目集或项目商定和记录的范围。

层次 2：高质量 WBS 总是将项目管理作为必要的元素纳入层次 2，这是实现 100% 原则所需的核心概念。

4.3.3 迭代型生命周期

图 4-3 是一个有注释的使用迭代型生命周期的 WBS 示例。

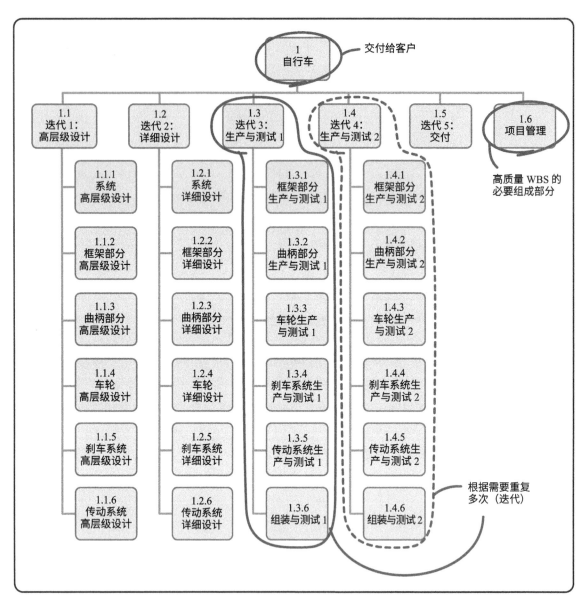

图 4-3 有注释的迭代型生命周期 WBS 示例

层次 1：与预测型和增量型生命周期相似，这个层次包括生产自行车所需的全部工作范围，还包括使用迭代方法所要执行的全部直接或间接工作。层次 1 代表最终交付给客户的总产品（产品或服务），而不考虑执行的迭代次数（在图中指定）。高质量 WBS 将包含所有需要的迭代，以满足已商定和记录的范围。

层次 2：高质量 WBS 总是将项目管理作为必要的元素纳入层次 2，这是实现 100% 原则所需的核心概念。

4.3.4　敏捷型生命周期

图 4-4 是一个有注释的使用敏捷型生命周期的 WBS 示例。

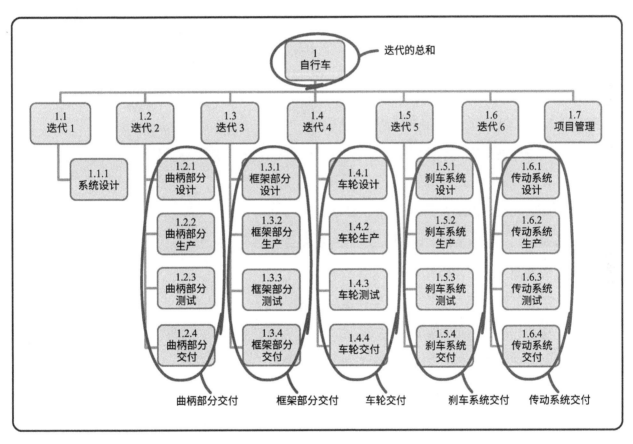

图 4-4　有注释的敏捷型生命周期 WBS 示例

层次 1：在敏捷型生命周期中，向客户交付发生在层次 1。层次 1 还包括要在这个层次元素中执行的直接或间接的工作。高质量的敏捷型生命周期 WBS 向客户发布交付，这对于在预期范围内接收对交付产品的质量和准确性的反馈至关重要。

层次 2：在创建 WBS 时，高质量 WBS 包含了 100% 的已知工作，允许在项目的整个生命周期内将产品或服务交付给客户，供其使用和反馈。更新和维护 WBS 的过程是动态的，WBS 的更新会随着新的工作包的出现而发生。

4.4 高质量 WBS 诊断核对单

如果项目不符合高质量 WBS 的核心属性，经常会导致各种各样的问题。以下内容概述了项目经历的挑战及一系列调查问题。

4.4.1 范围

◆ 个人无法使用新产品或新特性。

- 可交付成果是否都分解到了更小、更具体的程度？例如，培训的可交付成果可能没有被彻底分解，不足以涵盖所有需要接受培训以使用新产品、新工艺或服务的人。
- WBS 元素是否聚焦于可交付成果？
- 是否包括了组装或集成的可交付成果？是否包括了测试活动？
- 是否定义了培训及实施的可交付成果？
- 项目范围是否发生了变更，变得难以管理？
- 是否已经为项目创建了 WBS？
- WBS 是否将整个项目范围分解为可交付成果？
- WBS 是否提供了一定的灵活性来应对变更？
- 当变更控制程序批准了必要的变更时，是否对 WBS 也进行了相应的更新？
- WBS 是否处于变更控制之下？

◆ 项目已经变成正在进行中的项目，并且没有结束迹象。

■ 如果需要，是否制订了项目实施后的维护计划？

■ 项目是否有具体的结束时间？

■ WBS 是否包括收尾阶段或收尾计划？

■ 此项工作属于项目还是日常运营？

◆ 项目团队成员不清楚自己的责任。

■ WBS 元素是否为创建一个可交付成果定义了重叠的责任？

■ WBS 提供的信息细分层次是否合理，信息的表示形式和结构是否让从事具体工作的人理解？如果是，事先是否就清晰的沟通流程和决策职权达成一致？

■ WBS 元素是否以特定的、有形的可交付成果来体现项目工作？

■ 主要的相关方（包括主题专家）是否都参与了 WBS 的创建和修订？

◆ 计划中的一些工作没有完成。

■ WBS 是否包括了所有要求的工作？

■ WBS 元素是否以可交付成果为导向？

■ WBS 是否根据可交付成果来组织和创建，而非流程步骤？

■ 是否在明确依赖关系和时间期限前就已完成了分解？

4.4.2 进度计划

◆ 经常超过最后期限，进度拖延。

■ 是否包括了所有主要和次要的可交付成果？如果在最初的 WBS 中没有包括可交付成果，那么当发现了被遗漏的可交付成果时，就会导致项目进度拖延。

■ 可交付成果的定义是否足够明确，以便能够合理划分工作包？

■ WBS 是否有利于应用挣值管理技术？

■ 可交付成果是否实现了项目集或项目的预期效益？

■ 灵活性是否符合进度计划核对单？

■ 是否包括了所需活动层次的制约因素？

4.4.3 成本

◆ 项目超支。

■ WBS 是否为评估项目的完成情况，以及成本和进度绩效的度量提供了有逻辑的基准点？

■ WBS 是否有利于应用挣值管理技术？

4.5 总结

如前所述，高质量 WBS 需要满足一些核心特性。对于高质量 WBS 来说，它需要达到预期的目的，并且包括由项目集或项目范围所表示的完整工作。

项目集和项目 WBS 应具备以下四个重要的核心特性：

◆ 表示整个工作范围所必需的关键元素。

◆ 以名词或形容词，而不是以动词来定义的元素。

◆ 与执行范围内工作的成员密切协调。

◆ 项目范围的图形化和层级化分解。

第 **5** 章

WBS 应用与使用

5.1 引言

5.1.1 本章引言

本章讨论了如何应用与使用 WBS，以及在 WBS 的创建和完善过程中应该考虑的一些因素。本章提供了创建 WBS 的使用指南，本章的一些内容还可作为创建和完善 WBS 的非正式核对单。

创建 WBS 有许多方法。WBS 的创建完全以新文档的形式进行，它的构建可以利用现有 WBS 中的组件，可以基于原有的模板，也可以遵循 WBS 标准。当重复使用组件时，WBS 的元素一般来自类似的项目，或者来自已经被组织认定为"良好实践"的标准项目模板。

5.1.2 PMI 文库总览

◆ WBS 是各种标准和指南不可或缺的一部分（见图 3-1）。

◆ WBS 是《PMBOK®指南》中创建 WBS 过程的核心组件。

◆ WBS 在项目估算和项目风险管理期间经历了多个阶段和多次迭代。

◆ WBS 是项目进度计划和挣值管理的关键输入。

5.2 应用 WBS

本节概述了如何应用 WBS 的几个示例。

5.2.1 进度计划示例

进度模型是项目相关方开发的执行项目活动计划的动态展示，它使用特定的项目数据，将已选定的进度计划方法应用于进度计划制订工具。采用进度计划制订工具处理进度模型会产生大量进度模型示例。虽然进度模型通常适用于项目管理，但有时也适用于项目集管理。

基于项目 WBS 定义的活动，需要清晰且唯一的标识，以动词开始，至少包括一个特定目标，并在必要时明晰形容词。还需要以适当的逻辑关系排序的活动。在确定每项活动的持续时间时，应考虑完成每项活动所需资源的数量、技能水平和能力，并咨询活动的实施者。进度模型为进展与已批准的计划进行比较提供了基准。

项目范围文件提供了创建进度模型所需的背景、信息和理解。项目团队在评审和理解项目范围文件时，应将重点放在给定的 WBS。这样做的目的是，保证项目执行的关键方面能够被充分定义，并被包含在进度模型中。进度模型中的活动表示产生 WBS 中已确认的可交付成果或工作包的工作。因此，WBS 中的工作包应该可以直接追溯到进度计划中的某项活动或某组活动。进度计划中的活动的结构通常与 WBS 的层级结构保持一致，并且每项活动通常只汇总到一个 WBS 元素中。

从根本上说，WBS 是制订进度计划的基础，涉及与活动相关的以下内容：

- ◆ 什么（What）——可交付成果。
- ◆ 谁（Who）——资源。
- ◆ 何时（When）——持续时间、里程碑。
- ◆ 为什么（Why）——范围。
- ◆ 多少（How Much）——工作量。
- ◆ 何地（Where）——地理位置。

表 5-1 展示了一个车座工作包的进度计划示例（基于图 5-1）。

表 5-1　车座工作包进度计划示例

工作包属性名称	工作包属性值
WBS 编码	1.1.4
WBS 元素名称	车座
开始日期	2020-9-1
结束日期	2020-12-1
持续时间	3 个月
工作描述	按规范设计/生产/测试自行车车座
假设和约束	假设：车座将在正常条件下使用 约束：重量不超过 18 盎司
进度里程碑	里程碑 1：2020-9-30 完成设计 里程碑 2：2020-10-30 完成生产 里程碑 3：2020-11-30 完成测试
相关进度活动	将进度里程碑与框架部分保持一致
所需资源	工程师 3 名，项目经理 1 名

有关进度计划的更多信息，见《进度计划实践标准》。

5.2.2　估算示例

项目估算涉及假设、不确定性和风险感知。因此，估算的置信水平与活动定义和可用信息直接相关。随着信息的获取，可进一步细化并完善项目估算，使项目估算成为一个迭代和演进的过程，这与渐进明细的概念一致。

处于生命周期早期的项目，其范围定义和可用信息的数量均是有限的，这会降低估算的可信度和精确度，因此，需要更大的置信范围。WBS 随着项目规划的更新而更新。随着关于需求和可交付成果的信息越来越多，可相应地调整与 WBS 有关的估算。

以 WBS 为基础，估算过程通常在迭代中进行。例如，项目在启动阶段可能得出的粗略量级估算在+50%左右。在项目的后期，随着项目信息越来越详细，估算可能缩小至+10%左右。每个 WBS 元素都可能需要对资源、预算和持续时间进行估算。

表 5-2 是车座工作包的估算示例（基于图 5-1）。

表 5-2　车座工作包估算示例（基于图 5-1）

工作包属性名称	工作包属性值
WBS 编码	1.1.4
WBS 元素名称	车座
持续时间	3 个月
工作	160 小时×3 个月×4 种资源
工作描述	按规范设计/生产/测试自行车车座
成本控制编号	XYZ-2020-自行车-R01
假设和约束	假设：车座将在正常条件下使用 约束：重量不超过 18 盎司
所需资源	工程师 3 名，项目经理 1 名
成本估算	30000.00 美元

有关进度计划的更多信息，见《进度计划实践标准》。

5.2.3　预测型生命周期 WBS 示例

表 5-3 是预测型生命周期 WBS 示例。

预测型生命周期也经常被称为瀑布型生命周期。它通常是产品导向、阶段导向和行动导向 WBS 元素的混合。预测型生命周期 WBS 代表了产品开发过程的逻辑演变，并且可以很容易地将其转换为基于里程碑的进度计划。

表 5-3　预测型生命周期 WBS 示例

WBS 元素
1 自行车
1.1 概念
1.1.1 需求
1.2 计划
1.2.1 预算
1.2.2 进度
1.3 设计
1.3.1 系统设计
1.3.2 框架部分设计
1.3.3 曲柄部分设计
1.3.4 车轮设计
1.3.5 刹车系统设计
1.3.6 传动系统设计
1.4 生产
1.4.1 框架部分
1.4.1.1 框架
1.4.1.2 把手
1.4.1.3 前叉
1.4.1.4 车座
1.4.2 曲柄部分
1.4.2.1 车链
1.4.2.2 曲柄
1.4.2.3 脚踏板
1.4.2.4 链轮
1.4.3 车轮
1.4.3.1 前轮
1.4.3.2 后轮
1.4.4 刹车系统
1.4.4.1 刹车线
1.4.4.2 刹车片
1.4.4.3 卡钳
1.4.4.4 控制杆
1.4.5 传动系统
1.4.5.1 变速器
1.4.5.2 换挡器
1.4.5.3 传动闸线
1.4.6 组装
1.5 测试
1.5.1 组件测试
1.5.2 产品测试
1.5.3 客户测试
1.6 交付
1.7 项目管理

5.2.4 迭代型生命周期 WBS 示例

表 5-4 是一个迭代型生命周期 WBS 示例。与预测型生命周期 WBS 类似，迭代型生命周期 WBS 也通常是产品导向、阶段导向和行动导向 WBS 元素的混合。不同之处在于，其层级的每个分支通常代表一个小型生命周期，会产生独立的、不断更新的产品作为输出。它的预期持续时间不是固定的，可以持续很长一段时间。

表 5-4　迭代型生命周期 WBS 示例

WBS 元素
1 自行车
1.1 迭代 1：高层级设计
1.1.1 系统高层级设计
1.1.2 框架部分高层级设计
1.1.3 曲柄部分高层级设计
1.1.4 车轮高层级设计
1.1.5 刹车系统高层级设计
1.1.6 传动系统高层级设计
1.2 迭代 2：详细设计
1.2.1 系统详细设计
1.2.2 框架部分详细设计
1.2.3 曲柄部分详细设计
1.2.4 车轮详细设计
1.2.5 刹车系统详细设计
1.2.6 传动系统详细设计
1.3 迭代 3：生产与测试 1
1.3.1 框架部分生产与测试 1
1.3.2 曲柄部分生产与测试 1
1.3.3 车轮生产与测试 1
1.3.4 刹车系统生产与测试 1
1.3.5 传动系统生产与测试 1
1.3.6 组装与测试 1
1.4 迭代 4：生产与测试 2
1.4.1 框架部分生产与测试 2
1.4.2 曲柄部分生产与测试 2
1.4.3 车轮生产与测试 2
1.4.4 刹车系统生产与测试 2
1.4.5 传动系统生产与测试 2
1.4.6 组装与测试 2
1.5 迭代 5：交付
1.6 项目管理

5.2.5 增量型生命周期 WBS 示例

表 5-5 是一个增量型生命周期 WBS 示例。与预测型生命周期 WBS 和迭代型生命周期 WBS 类似，增量型生命周期 WBS 也通常是产品导向、阶段导向和行动导向 WBS 元素的混合。不同之处在于，其层级的每个分支通常代表渐进细化，但不需要产生独立的产品作为输出。

表 5-5 增量型生命周期 WBS 示例

WBS 元素
1 自行车
1.1 增量 1
1.1.1 增量 1：设计
1.1.1.1 增量 1：系统设计
1.1.1.2 增量 1：框架部分设计
1.1.1.3 增量 1：曲柄部分设计
1.1.1.4 增量 1：车轮设计
1.1.1.5 增量 1：刹车系统设计
1.1.1.6 增量 1：传动系统设计
1.1.2 增量 1：生产与测试
1.1.2.1 增量 1：框架部分生产与测试
1.1.2.2 增量 1：曲柄部分生产与测试
1.1.2.3 增量 1：车轮生产与测试
1.1.2.4 增量 1：刹车系统生产与测试
1.1.2.5 增量 1：传动系统生产与测试
1.1.2.6 增量 1：集成与组装
1.1.3 增量 1：交付
1.2 增量 2
1.2.1 增量 2：设计
1.2.1.1 增量 2：系统设计
1.2.1.2 增量 2：框架部分设计
1.2.1.3 增量 2：曲柄部分设计
1.2.1.4 增量 2：车轮设计
1.2.1.5 增量 2：刹车系统设计
1.2.1.6 增量 2：传动系统设计
1.2.2 增量 2：生产与测试
1.2.2.1 增量 2：框架部分生产与测试
1.2.2.2 增量 2：曲柄部分生产与测试
1.2.2.3 增量 2：车轮生产与测试
1.2.2.4 增量 2：刹车系统生产与测试
1.2.2.5 增量 2：传动系统生产与测试
1.2.2.6 增量 2：集成与组装
1.2.3 增量 2：交付
1.3 项目管理

5.2.6 敏捷型生命周期 WBS 示例

表 5-6 是一个敏捷型生命周期 WBS 示例。与预测型生命周期 WBS、迭代型生命周期 WBS 和增量型生命周期 WBS 类似，敏捷型生命周期 WBS 也通常是产品导向、阶段导向和行动导向 WBS 元素的混合。不同之处在于，其层级的每个分支通常代表一个小型生命周期，会产生独立的、不断更新的产品作为输出。它的预期持续时间通常是固定的，是一个相对较短的时间段。

表 5-6　敏捷型生命周期 WBS 示例

WBS 元素
1 自行车
1.1 迭代 1
1.1.1 系统设计
1.2 迭代 2
1.2.1 曲柄部分设计
1.2.2 曲柄部分生产
1.2.3 曲柄部分测试
1.2.4 曲柄部分交付
1.3 迭代 3
1.3.1 框架部分设计
1.3.2 框架部分生产
1.3.3 框架部分测试
1.3.4 框架部分交付
1.4 迭代 4
1.4.1 车轮设计
1.4.2 车轮生产
1.4.3 车轮测试
1.4.4 车轮交付
1.5 迭代 5
1.5.1 刹车系统设计
1.5.2 刹车系统生产
1.5.3 刹车系统测试
1.5.4 刹车系统交付
1.6 迭代 6
1.6.1 传动系统设计
1.6.2 传动系统生产
1.6.3 传动系统测试
1.6.4 传动系统交付
1.7 项目管理

5.2.7 风险管理示例

利用 WBS，可以依据受影响项目的区域对风险进行分类。WBS、项目估算和进度计划组件为项目风险管理提供了基础。一旦考虑了所有的风险，通常需要对风险进行优先级排序。这些优先级排序的依据通常与风险发生的可能性及其对特定项目目标或整个项目的潜在影响保持一致。可以依据目标或整个项目，对每项已识别的风险进行优先级排序。为进一步分析和制订应对计划，通常会对高优先级的风险进行分解，而将低优先级的风险列在不需要频繁评审的观察清单上。

WBS 也为风险识别过程提供了框架。使用 WBS 来识别项目风险，能够确保考虑了项目范围内的所有元素，可提供与不同层次的项目细节有关的风险，还能排除与 WBS 元素无关的风险。表 5-7 是一个车座工作包的风险管理示例（基于图 5-1）。

表 5-7　车座工作包风险管理示例（基于图 5-1）

工作包属性名称	工作包属性值
WBS 编码	1.1.4
WBS 元素名称	车座
工作描述	按规范设计/生产/测试自行车车座
假设和约束	假设：车座将在正常条件下使用 约束：重量不超过 18 盎司

有关风险管理的更多信息，见《项目组合、项目集和项目风险管理标准》。

5.2.8 挣值管理示例

在安排好工作并确定资源后，应将重心转至将工作范围、进度计划、批准的变更请求、成本和项目管理计划进行整合并记录到按时间段分配的预算中，这被称为绩效测量基准。使用按时间段分配的预算来测量项目绩效。在规划过程中，需要记录评估实际工作进度和分配挣值的方法。除了常规的项目管理规划，还需要选用挣值管理技术。在考虑范围、进度计划和成本的情况下，将挣值管理技术应用于每个工作包。

在项目执行过程中，EVM 需要记录在项目管理计划的每个工作要素中的已完成工作的资源使用情况（如劳动力、材料等）。获取实际成本和挣值（已完工作的测量）的方式是，将其与绩效测量基准进行比较。实际成本和挣值的获取发生在控制账户层次或其以下层次。表 5-8 是一个车座工作包的挣值管理示例（基于图 5-1）。

表 5-8　车座工作包挣值管理示例（基于图 5-1）

工作包属性名称	工作包属性值
WBS 编码	1.1.4
WBS 元素名称	车座
开始日期	2020-9-1
结束日期	2020-12-1
持续时间	3 个月
工作	160 小时×3 个月×4 种资源
工作描述	按规范设计/生产/测试自行车车座
成本控制编号	XYZ-2020-自行车-R01
成本估算	30000.00 美元

有关挣值管理的更多信息，见《挣值管理实践标准》。

5.3　更新 WBS

更新 WBS 是一个对项目的目的和目标（商业的和技术的）、功能和性能设计标准、项目范围、技术性能需求及其他技术特性的渐进明细的过程。在项目概念阶段的早期，会创建一个高层级的 WBS。在明确项目定义和规范后，针对项目的特定需求和要求创建更详细的 WBS。删除不需要的工作和可交付成果，以保证 WBS 不会超出项目范围。最终完成的 WBS 应包含全部的项目可交付成果。

5.3.1 更新项目 WBS

WBS 通常被称为项目 WBS（见图 5-1），代表在某一时刻项目已界定的范围。在项目的生命周期中，WBS 接受了越来越详尽的细化。有大量的因素会影响更新过程，如范围、进度和资源的变化。风险和挣值也会影响 WBS 更新。

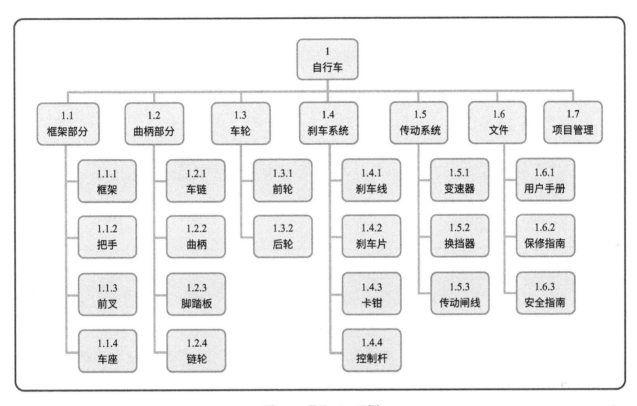

图 5-1 项目 WBS 示例

如图 5-2 所示，在成功的变更控制过程后，项目 WBS 增加了"1.8 附件"。

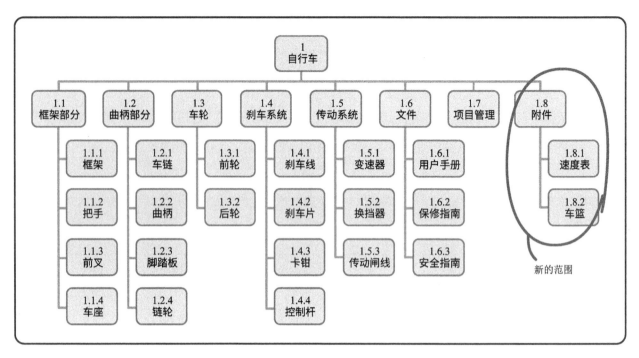

图 5-2　范围变更后的项目 WBS 示例

5.3.2　更新项目集 WBS

项目集 WBS（见图 5-3）涵盖整个项目集，包括项目、系统、项目集活动和其他需要的项目集。项目集经理和承包商通常将项目集 WBS 作为合同 WBS 的基础或扩展。项目集 WBS 随着范围、进度和资源维度的变更而更新。

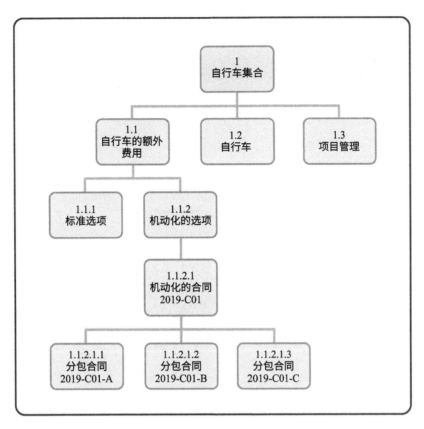

图 5-3　项目集 WBS 示例

5.3.3　更新合同 WBS

合同 WBS 是完整的 WBS，通常基于成本、风险或复杂性维度，扩展到约定的合同报告级别。合同 WBS 定义了需要采购的较低层次的组件，并包括产品项，如硬件、软件、服务、数据和设施。合同 WBS 通常规定了承包商的主要职责。图 5-4 通过文件 WBS 元素说明了合同 WBS 与项目 WBS 之间的联系。

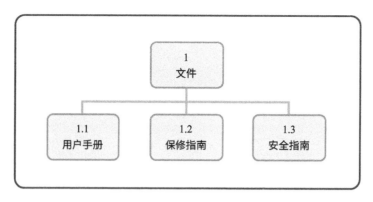

图 5-4　合同 WBS 示例

5.4　总结

本章阐述了 WBS 是若干项目管理过程不可分割的一部分的原因，还描述了 WBS 在各种示例中的应用，以及 WBS 如何持续更新。

5.4.1　本章回顾

本章的四个小节涵盖了以下主题：

- ◆　5.1 引言——一般的环境和范围。

- ◆　5.2 应用 WBS——如何应用 WBS 的具体示例。

- ◆　5.3 更新 WBS——通过使用来更新 WBS 的场景。

- ◆　5.4 总结——本章回顾。

5.4.2　PMI 文库引用

WBS 在各种 PMI 标准和指南中扮演着不可或缺的角色。详见图 1-1。

参考文献

[1]   Project Management Institute. 2017. *A Guide to the Project Management Body of Knowledge*　(*PMBOK® Guide*)－ Sixth Edition. Newtown Square, PA: Author.

[2]   Project Management Institute. 2017. *The Standard for Program Management* – Fourth Edition. Newtown Square, PA: Author.

[3]   Project Management Institute. 2017. *Agile Practice Guide.* Newtown Square, PA: Author.

[4]   Project Management Institute. 2017. *Project Manager Competency Development Framework* – Third Edition. Newtown Square, PA: Author.

[5]   Project Management Institute. 2018. *Practice Standard for Earned Value Management* – Third Edition. Newtown Square, PA: Author.

[6]   Project Management Institute. 2019. *Practice Standard for Scheduling* – Third Edition. Newtown Square, PA: Author.

[7]   Project Management Institute. 2019. *Practice Standard for Project Estimating* –Second Edition. Newtown Square, PA: Author.

[8]   Project Management Institute. 2019. *The Standard for Risk Management in Portfolios, Programs, and Projects.* Newtown Square, PA: Author.

[9]   Project Management Institute. 2016. *Requirements Management: A Practice Guide.* Newtown Square, PA: Author.

[10]   Project Management Institute. 2013. *Software Extension to the PMBOK® Guide.* Newtown Square, PA: Author.

[11]   Project Management Institute. 2015. *Business Analysis for Practitioners: A Practice Guide.* Newtown Square, PA: Author.

[12] Project Management Institute. 2007. *Practice Standard for Project Configuration Management.* Newtown Square, PA: Author.

[13] Project Management Institute. 2017. *Construction Extension to the PMBOK® Guide.* Newtown Square, PA: Author.

[14] Project Management Institute. 2002. *Government Extension to the PMBOK® Guide.* Newtown Square, PA: Author.

[15] Project Management Institute. 2017. *The PMI Guide to Business Analysis* （includes *The Standard for Business Analysis*）. Newtown Square, PA: Author.

[16] Project Management Institute. 2017. *The Standard for Organizational Project Management* （OPM）. Newtown Square, PA: Author.

参考书目

Besner, Claude, and Brian Hobbs. "Contextualized Project Management Practice: A Cluster Analysis of Practices and Best Practices." *Project Management Journal* 44, no. 1 （2013）: 17–34. doi:10.1002/pmj.21291.

Botherton, Shelly A., Robert T. Fried, George A. Ksander, and Eric S. Norman. "*The Work Breakdown Structure: A Brief Synopsis.*" April 2006）. Retrieved from https://docuri.com/download/wbsa-brief-synopsis _59c1db9ef581710b2868 49e5_pdf

Commonwealth of Australia Department of Defence. "DEF（AUST）5664 – Work Breakdown Structures For Defence Materiel Projects. [Australian Defence Standard]."（June 2004）.Retrieved from http://www.microplanning.com.au/ wp-content/uploads/downloads/2011/10/DRAFT_DEF_AUST_5664_WBS_.pdf

Commonwealth of Australia Department of Defence. "DEF（AUST）5664 Issue A – Work Breakdown Structures for Defence Materiel Projects.[Australian Defence Standard Draft]."（1995）.

Haugan, Gregory T. *Effective Work Breakdown Structures*. Vienna, VA: Management Concepts, 2002.

The National Aeronautics and Space Administration （NASA）. "NASA/SP-2010-3404 – Work Breakdown Structure (WBS) Handbook." (January 2010). Retrieved from https://www.nasa.gov/pdf/420297main_NASA-SP-2010-3403.pdf

Norman, Eric S., Shelly A. Brotherton, and Robert T. Fried. *Work Breakdown Structures: The Foundation for Project Management Excellence*. Hoboken, NJ: John Wiley & Sons, 2008.

U.S. Department of Defense. "Military Standard Work Breakdown Structures for Defense Materiel Items （MIL-STD-881C）." Washington, D.C. （September 1, 2011）. Retrieved from https://www.secnav.navy.mil/rda/OneSource/ Documents/New% 20MIL-STD-881C%20Work%20Breakdown%20Structures%20for%20Defense%20Materiel%20 Items.pdf

U.S. Department of Energy. "DOE WBS Handbook 2012-08-16, Work Breakdown Structure Handbook." （August 16, 2012）. Retrieved from https://www.energy.gov/sites/prod/files/DOE%20WBS%20Handbook%20%202012-08-16.pdf

U.S. Government Accountability Office. "GAO Schedule Assessment Guide: Best Practices for Project Schedules GAO-16-89G." （December 22, 2015）. Retrieved from https://www.gao.gov/products/GAO-16-89G

附录 X1　《工作分解结构（WBS）实践标准》（第 3 版）变更

本附录概述了《工作分解结构（WBS）实践标准》（第 3 版）的主要变更部分，以帮助读者了解与上一版相比，本实践标准的变更部分，并提供历史的连续性。

委员会成员是根据全球代表性、行业和经验选出的。该团队被授权更新本实践标准，以反映当前的实践和新的趋势，并确保与《PMBOK®指南》的当前版本保持一致。

核心团队与 PMI 市场研究团队合作进行了一项调查，以更多地了解个人如何使用 WBS。该调查被发送给了 1500 个 PMI 会员，有 161 个会员回复了调查。调查结果表明：

◆ 有 46% 的受访者参阅了 PMI 发布的《工作分解结构（WBS）实践标准》。

◆ 有 75% 的受访者在整个项目生命周期中更新了他们的 WBS。

◆ 有超过 50% 的受访者指出，在项目结束时，WBS 包含了其 100% 的工作。

◆ 有 40% 的受访者指出，在大部分或所有时间中，WBS 都是作为项目组件呈现给管理层和相关方的。

团队记录了七种分解类型，包括：行动导向型、代办事项导向型、合同导向型、可交付成果导向型、阶段导向型、产品导向型、项目集导向型。为了获取 WBS 的表示方式，我们建立了样式来指导用户如何设计 WBS，包括：层级式、提纲式和表格式。

为了帮助读者理解本实践标准在标准领域中的背景，团队建立了PMI标准库的视图。该图为当前标准库中现有的资料提供了通用指南。团队还生成了关系图来显示本标准和其他标准之间的信息传递。

对《PMBOK®指南》的参考资料进行了更新，并与该标准的当前版本保持一致，以避免混淆读者。第4章提供了一个质量核对单，以帮助读者快速评估其WBS。

本实践标准提供了多种多样的示例，以展示在不同的生命周期（包括敏捷）中WBS如何应用于项目工作。

在本实践标准中，主席和副主席聘请了PMI的词典团队，以确保词汇与词典和其他PMI标准保持一致。来自每个进行中的实践标准的委员会成员共同努力，使示例标准化，并以一致性为目标来讨论内容。

附录中的示例都得到了更新，使其包含一个共同的开头段，并且涵盖以下信息：分解类型、生命周期和行业。团队还以不同的样式展示了这些示例，以反映现实的世界。

附录 X2 《工作分解结构（WBS）实践标准》(第 3 版) 编审人员

本附录按组列出了那些为本实践标准的编写及出版做出贡献的人员。

项目管理协会（PMI）对这些人员的支持表示感谢，并对他们为项目管理行业所做的贡献致以敬意。

X2.1 《工作分解结构（WBS）实践标准》（第 3 版）核心委员会

以下人员为项目核心委员会成员，他们为正文及概念的编写做出了贡献，同时还负责项目核心委员会的领导工作：

Timothy A. MacFadyen, MBA, PMP, 主席

Gregory Hart, 副主席

Uriel Fliess, PMI-RMP, PMP

Theofanis Giotis, PhD, PMI-ACP, PMI-PBA, PMP

Nicholas J. Holdcraft, PMP, PgMP

Ashley Wolski, MBA, 标准项目专家

X2.2　审核人员

X2.2.1　SME 审核

以下人员应邀参加了主题专家会议，他们对本实践标准的草案进行了审核，并提供了建议。

Ángel Águeda Barrero, PMI-ACP, PMP

Emad E. Aziz, PgMP, PfMP

Bridget Fleming, PMI-SP, PMP

Michael Frenette, SMC, PMP

Mike Griffiths, PMI-ACP, PMP

Andrea Innocenti, CGEIT, PMP

Ariel Kirshbom, PMI-ACP, PMP

Halley Hernandez

Sandy Hoath Lawrence, PgMP, PfMP

Eric S. Norman, PgMP, PMI Fellow

David W. Ross, PMP, PgMP

Cindy Shelton, PMI-ACP, PMP

Cristian Soto, MPM, PMP

Langeswaran Supramaniam, MSc, PMP

Dave Violette, MPM, PMP

X2.2.2　征求意见稿的审核人员

除了核心委员会成员，以下人员也为本实践标准提出了许多改进意见：

Habeeb Abdulla, MS, PMP

Charles D. Ackerman, PMI-ACP, PMP

Anmar Luay Alani, Resident engineer, PMP

Abdulrahman Alulaiyan, MBA, PMP

Jaime Andres Alvarez Ospina, PMI-RMP, PMP

Nahlah A. Alyamani, PMI-RMP, PMP

Ashwani Anant, PMI-RMP, PMI-SP

Sarang Bhand, SCPM, PMP

Nigel Blampied, PE, PMP

David Borja Padilla, PMI-ACP, PMI-RMP

Farid F. Bouges, PhD, PfMP

Bernd Brier

Paulo Guilherme Coda A. Dias

Guillermo Arturo Cepeda Lopez

Panos Chatzipanos, PhD, Dr. EUR ING

Williams Chirinos, MSc, PMP

Dariusz Ciechan, PMI-RMP, PMP

Sergio Luis Conte, PhD, PMP

Saju Devassy, SAFe POPM, PMP

Vahid Dokhtzeynal, PMI-RMP, PMP

Phillip Doyle, PMP

Christopher Edwards, MBA, PMP

Mohamed MH El-fouly, PMI-RMP, PMP

Francis Gárate Vacacela, MPM

Ivo Gerber, PMI-ACP, PgMP

Peter Gilliland, PMP

Akram Hassan, PhD, PMP

Jaden Hodgins, PMP

Collin Howell, MAIPM, CPPM

Michele Jones

Yves Jordan

Rami M. W. Kaibni, B.Eng., PMP

Nils Kandelin, PhD, PMP

Dorothy L. Kangas, PMP

Varan Suppiah Karunakaran, RPEQ (Civil/Mechanical), PMP

Brian W. Kellum, MM ED

Suhail Khaled, PMI-ACP, PMP

Diwakar Killamsetty, PMP

Taeyoung Kim, PMP

Visswanathan KKN

Rima Kobeissi A. Jalil

Maciej Koszykowski, PMP, PgMP

Wayne Kremling, PMP

Anuj Kulkarni, CSM, PMP

Avinash Kumar

Pramit Kumar, PMP, PgMP

P. Ravikumar, PMP, PgMP

G. Lakshmi Sekhar, PMI-PBA, PMI-SP

Janette Lean, MAppSci, DipPM

Adeel Khan Leghari, PMP, PgMP

Marisa Andrea Lostumbo, PhD Candidate, PMP

Mirela Miresan, PhD

Aravind M. K., MBA, PMP

Anas Mohamed Hassan, MSc, PMP

Mohamed Mohsen Mohamed, PMP

Anand D. Nagarkatti, PMP

Asaya Nakasone, PMP

Ali Navidi, PhD, PMP

Fernando Souza, MSc, PMP

Peter O'Driscoll, PMI-ACP, PMP

Habeeb Omar, PgMP, PfMP

Mozhgan Pakdaman, PMI-RMP, PMP

Hariyo D. Pangarso, MT, PMP

Darendra Mark Persaud, CSM, PMP

Truc Pham, PMI-ACP, PMP

Loretta Pierfelice, PMP

Sriramasundararajan Rajagopalan, PhD, PfMP

Jaime Andres Salazar Cabrera, PMI-RMP, PfMP

Ahmed Saleh Bahakim, P3O, PMP

Risa Salsburg, MSHS, PMP

Abubaker Sami, PfMP, PgMP

Paul Santilli, MBCS, PMP

Arun Seetharaman, MBA, PMP

Luqman Shantal, TOGAF, PMP

Joseph A. Sopko, MSP-AP, PMP

Mauro Sotille, PMI-RMP, PMP

Fernando Souza, MSc, PMP

Chris Stevens, PhD

Varun Tandon, CPSM, PMP

Gaitan Marius Titi, PMI-PBA, PMP

Biagio Tramontana, Eng, PMP

Narayanan Venkatesan

Gorakhanath Wankhede

Darius White, PMP

Michal P. Wieteska, ICP-ACC, PMP

Emanuele Zanotti

X2.2.3 PMI 标准项目集成员顾问小组

以下人员为 PMI 标准项目集成员顾问小组成员，参与了本实践标准的开发过程：

Maria Cristina Barbero, CSM, PMI-ACP, PMP
Michael J. Frenette, I.S.P., SMC, MCITP, PMP
Brian Grafsgaard, CSM, PMP, PgMP, PfMP
David Gunner, MSc, PMP, PfMP
Hagit Landman, MBA, PMI-SP, PMP
Vanina Mangano, PMI-RMP, PMP
Yvan Petit, PhD, MEng, MBA, PMP, PfMP
Carolina Gabriela Spindola, MBA, SSBB, PMP

X2.2.4 协调机构审核

以下人员为 PMI 标准项目集协调机构成员：

Nigel Blampied, PE, PMP
Chris Cartwright, MPM, PMP
John Dettbarn, DSc, PE
Charles Follin, PMP
Michael Frenette, SMC, PMP
Dana Goulston, PMP
Brian Grafsgaard, PMP, PgMP
Dave Gunner, PMP
Dorothy Kangas, MS, PMP
Thomas Kurihara
Hagit Landman, PMI-SP, PMP
Timothy A. MacFadyen, MBA, PMP

Vanina Mangano, PMI-RMP, PMP
Mike Mosley, PE, PMP
Nanette Patton, MSBA, PMP
Yvan Petit, PhD, PMP
Crispin ("Kik") Piney, PgMP, PfMP
Mike Reed, PMP, PfMP
David Ross, PMP, PgMP
Paul Shaltry, PMP
C. Gabriela Spindola
Chris Stevens, PhD
Judi Vincent
David J. Violette, MPM, PMP

X2.2.5　制作人员

特别感谢 PMI 的以下工作人员：

Linda R. Garber，产品编辑

Donn Greenberg，出版经理

Payal Kondisetty,市场研究员

Evan Krieg，市场研究员

Kim Shinners，出版制作助理

Barbara Walsh，出版总监

X2.2.6　协调小组

核心成员：

Bridget Fleming, PMI-SP, PMP
Gregory Hart
Hagit Landman, PMI-SP, PMP
Vanina Mangano, PMP-RMP, PMP
Timothy A. MacFadyen, MBA, PMP
Mike Mosley
John Post, PMP
David W. Ross, PMP, PgMP
Cindy Shelton, PMI-ACP, PMP
Gary Sikma, PMI-ACP, PMP
Dave Violette, MPM, PMP

PMI 工作人员：

M. Elaine Lazar, MA, AStd
Marvin R. Nelson, MBA, SCPM
Lorna Scheel, MSc
Roberta Storer
Kristin Vitello, CAPM
John Zlockie, MBA, PMP

X2.3　《工作分解结构（WBS）实践标准》（第 3 版）中文版翻译贡献者

以下人员担任了《工作分解结构（WBS）实践标准》（第 3 版）中文版的翻译工作：

杨青

强茂山

全书由杨青统稿，由强茂山审校。

感谢以下人员为《工作分解结构（WBS）实践标准》（第 3 版）中文版的翻译工作做出的贡献：

杜美松

田平野

高普

叶云婷

杨悦莹

李依航

黄婷文

洪之涵

乔越洋

李怡萱

黄勇林

王沁茹

附录 X3 《工作分解结构（WBS）实践标准》（第 3 版）示例

本附录通过不同行业的一般说明和指南来提供 WBS 示例。对于任何特定的项目都没有完整性的要求。所有示例都反映了本实践标准的质量原则。

在每个示例的前面给出了 WBS 特点的总结表格。该表包含三个部分：行业、分解类型和生命周期。

WBS 示例以层次和提纲样式表示。通常，当以层次样式表示时，示例展示到层次 3 的分解。由于特定 WBS 示例中的细节很多，一些示例只展示到层次 2 的分解，而其他示例可能展示到层次 4 的分解。

本附录中的 WBS 示例如下：

◆ X3.1 生产平台项目示例

◆ X3.2 生物通风测试项目示例

◆ X3.3 新化合物开发项目示例

◆ X3.4 加工厂建设项目实例

◆ X3.5 外包项目示例

◆ X3.6 网站设计项目示例

◆ X3.7 通信项目示例

◆ X3.8 "设计—招标—建造"项目示例

- ◆ X3.9 软件实施项目示例

- ◆ X3.10 国际赛车学校竞赛项目示例

- ◆ X3.11 地铁线路项目集 1 示例

- ◆ X3.12 地铁线路项目集 2 示例

- ◆ X3.13 地铁线路项目集 3 示例

X3.1 生产平台项目示例

表 X3-1 列出了生产平台项目的 WBS 特点，随后是 WBS 层次示例（见图 X3-1）和 WBS 提纲式示例（见表 X3-2）。

表 X3-1 生产平台项目——WBS 特点

行　　业	分解类型				生命周期	
石油、天然气及石化	行动导向型	X	阶段导向型		预测型	X
	待办事项导向型		产品导向型	X	迭代型	
	合同导向型		项目集导向型		增量型	
	可交付成果导向型	X			敏捷型	

本 WBS 示例是从业主的角度出发的，展示了一个海上开采平台的详细设计、制造和安装工作的分解。因为详细设计、制造和安装处于不同的工作阶段，所以应置于 WBS 的层次 2。这样，不仅可以与工作流程匹配，也符合工程分包的方案，即利用不同的承包商分别负责工程、制造等不同部分的工作。根据可交付成果来确定下一层次如何细分。并非要将 WBS 的所有分支都分解到相同的细分层次。本 WBS 是通用的，可以作为模板，特定的项目可以根据此模板进行修改。当了解了某一特定项目的相关详细信息时，有些 WBS 元素可以分解到更细分的层次。另外，某些 WBS 元素也有可能由分包商来进行进一步的细化分解。

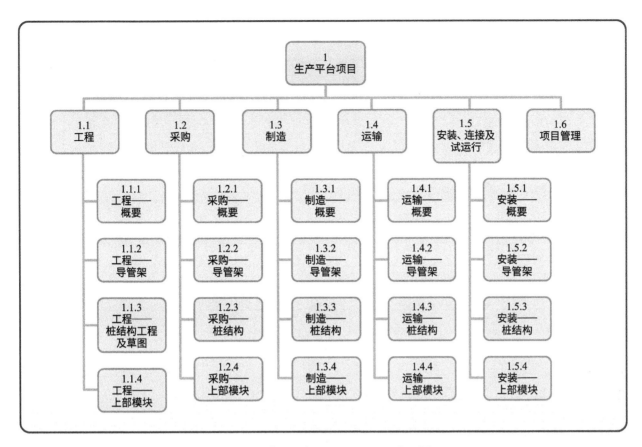

图 X3-1 生产平台项目——WBS 层次示例

表 X3-2　生产平台项目——WBS 提纲式示例

WBS 元素
1. 生产平台项目
1.1 工程
1.1.1 工程——概要
1.1.1.1 基础工程验收
1.1.1.2 设计基本原则和规范
1.1.1.3 计算及工程数据手册
1.1.1.4 总结报告
1.1.1.5 平台设备手册
1.1.2 工程——导管架
1.1.2.1 工程——导管架结构工程及草图
1.1.2.1.1 导管架使用中分析
1.1.2.1.2 导管架使用前分析
1.1.2.1.3 导管架设计要求
1.1.2.1.4 导管架负极保护
1.1.2.1.5 导管架的重量及材料估算
1.1.2.1.6 批准的导管架施工图纸
1.1.2.1.7 导管架详细的工程及设计报告
1.1.2.2 机械工程及草图
1.1.2.2.1 排放系统
1.1.2.2.2 灌浆系统
1.1.3 工程——桩结构工程及草图
1.1.3.1 桩结构使用中分析

工作分解结构（WBS）实践标准（第 3 版）

WBS 元素
1.1.3.2 桩结构使用前分析
1.1.3.3 桩结构设计要求
1.1.3.4 桩结构的重量及材料估算
1.1.3.5 批准的桩结构施工图纸
1.1.3.6 桩结构详细的工程及设计报告
1.1.4 工程——上部模块
1.1.4.1 工程——上部模块结构工程及草图
1.1.4.1.1 甲板使用中分析
1.1.4.1.2 甲板使用前分析
1.1.4.1.3 甲板设计要求
1.1.4.1.4 甲板的重量及材料估算
1.1.4.1.5 批准的甲板施工图纸
1.1.4.1.6 甲板详细的工程及设计报告
1.1.4.2 机械/工艺工程及草图
1.1.4.2.1 工艺模拟/估算
1.1.4.2.2 设备设计/规格
1.1.4.2.3 管道应力分析
1.1.4.2.4 灾害分析
1.1.4.2.5 规范、数据清单和报价要求
1.1.4.2.6 机械——供应商数据评审
1.1.4.2.7 机械——重量、材料估算及材料清单

WBS 元素
1.1.4.2.8 机械——各项批准的施工图纸
1.1.4.2.8.1 工艺流程图/公用设施流程图
1.1.4.2.8.2 机械流程图、管道及仪表图纸
1.1.4.2.8.3 设备平面布置/布局/滑轨图
1.1.4.2.8.4 管道支撑
1.1.4.2.8.5 管道综合布局、高度和等距线
1.1.4.2.8.6 机械——其他批准的施工图纸
1.1.4.2.9 机械——数据手册、设备说明书、工程及设计报告
1.1.4.3 电气工程及草图
1.1.4.3.1 电气工程及设计
1.1.4.3.2 电气规范、数据清单和报价要求
1.1.4.3.3 电力负荷分析/清单
1.1.4.3.4 电气——供应商数据评审
1.1.4.3.5 电气——重量、材料估算及材料清单
1.1.4.3.6 电气——各项批准的施工图纸
1.1.4.3.6.1 区域划分
1.1.4.3.6.2 电气符号图例
1.1.4.3.6.3 电气连线图
1.1.4.3.6.4 原理图/平面布置图/方案
1.1.4.3.6.5 建筑物及设备的平面图
1.1.4.3.6.6 电气分布及电缆桥架
1.1.4.3.6.7 电气设备安装详细说明
1.1.4.3.6.8 电气——其他批准的施工图纸

WBS 元素
1.1.4.3.7 电气——数据手册、设备说明书、工程及设计报告
1.1.4.4 仪器工程及草图
1.1.4.4.1 仪器工程及设计
1.1.4.4.2 防火——安全工程及设计
1.1.4.4.3 救援系统规模估算
1.1.4.4.4 仪器规范、数据清单和报价要求
1.1.4.4.5 设备索引
1.1.4.4.6 设备——供应商数据评审
1.1.4.5 工程——上部模块——重量、材料估算及材料清单
1.1.4.6 工程——上部模块——各项批准的施工图纸
1.1.4.6.1 SAFE 图表/PSFDs
1.1.4.6.2 控制面板
1.1.4.6.3 PLC 系统
1.1.4.6.4 管线图
1.1.4.6.5 回路周线图
1.1.4.6.6 设备安装详细说明
1.1.4.6.7 消防及安全
1.1.4.6.8 减压系统
1.1.4.6.9 工程——上部模块——其他批准的施工图纸
1.1.4.7 数据手册、设备说明书、工程及设计报告
1.2 采购
1.2.1 采购——概要
1.2.1.1 采购流程

WBS 元素
1.2.1.2 考察与验收流程
1.2.2 采购——导管架
1.2.2.1 采购——导管架——业主安装的设备（OFE）
1.2.2.2 采购——导管架——承包商提供的有偿设备（CFRE）
1.2.2.3 采购——导管架——所有其他承包商提供的设备
1.2.2.4 采购——导管架——承包商提供的大宗材料
1.2.2.4.1 采购——导管架——结构的大宗材料
1.2.2.4.2 阳极
1.2.3 采购——桩结构
1.2.3.1 采购——桩结构——承包商提供的大宗材料
1.2.3.1.1 采购——桩结构——结构的大宗材料
1.2.4 采购——上部模块
1.2.4.1 采购——上部模块——业主安装的设备（OFE）
1.2.1.1.1 采购——上部模块——业主安装的设备—旋转设备
1.2.1.1.2 采购——上部模块——业主安装的设备—压力容器
1.2.1.1.3 发电
1.2.4.2 采购——上部模块——承包商提供的有偿设备（CFRE）
1.2.4.2.1 采购——上部模块——承包商提供的有偿设备——旋转设备
1.2.4.2.2 采购——上部模块——承包商提供的有偿设备——压力容器
1.2.4.2.3 其他承包商提供的有偿设备
1.2.4.3 采购——上部模块——所有其他承包商提供的设备
1.2.4.4 采购——上部模块——承包商提供的大宗材料
1.2.4.4.1 采购——上部模块——结构的大宗材料

WBS 元素
1.2.4.4.2 管道、阀门、配件
1.2.4.4.3 采购——上部模块——电气的大宗材料
1.2.4.4.4 仪器
1.3 制造
1.3.1 制造——概要
1.3.1.1 制造——概要——安全手册及安全计划
1.3.1.2 工作场地准备及员工动员
1.3.1.3 制造——概要——焊接流程及焊接工资质
1.3.1.3.1 制造——概要——结构资质
1.3.1.3.2 制造——概要——管道资质
1.3.1.4 装配图纸
1.3.1.4.1 装配图纸——结构
1.3.1.4.2 管道等距线
1.3.1.4.3 管道线轴
1.3.1.5 材料的接收
1.3.1.6 质量评价/质量控制、无损检验、尺寸控制
1.3.1.7 重量控制报告
1.3.1.8 完工图纸和检验记录
1.3.2 制造——导管架
1.3.2.1 框架
1.3.2.1.1 框架 1
1.3.2.1.2 框架 2
1.3.2.1.3 框架 A

WBS 元素
1.3.2.1.4 框架 B
1.3.2.2 水平层
1.3.2.2.1 层 1
1.3.2.2.2 层 2
1.3.2.2.3 层 3
1.3.2.2.4 层 4
1.3.2.3 制造——导管架——附属部分
1.3.2.3.1 配置桩
1.3.2.3.2 防水沉箱
1.3.2.3.3 升降机
1.3.2.3.4 登船平台
1.3.2.3.5 防腐蚀
1.3.2.3.6 楼梯、人行道、平台
1.3.2.4 制造——导管架——安装辅助设施
1.3.2.5 制造——导管架——承重与加固
1.3.3 制造——桩结构
1.3.3.1 桩 A1
1.3.3.2 桩 A2
1.3.3.3 桩 B1
1.3.3.4 桩 B2
1.3.3.5 制造——桩结构——承重与加固
1.3.4 制造——上部模块
1.3.4.1 主甲板

WBS 元素
1.3.4.1.1 主甲板——桁架板
1.3.4.1.2 主甲板——甲板控制板
1.3.4.1.3 主甲板——翼钢
1.3.4.2 底甲板
1.3.4.2.1 底甲板——桁架板
1.3.4.2.2 底甲板——甲板控制板
1.3.4.2.3 底甲板——翼钢
1.3.4.3 下部底甲板
1.3.4.4 支架
1.3.4.5 支柱
1.3.4.6 设备安装
1.3.4.7 相互连接的管道
1.3.4.8 制造——上部模块——电气
1.3.4.9 仪器
1.3.4.10 使用前测试
1.3.4.11 制造——上部模块——附属部分
1.3.4.11.1 照明吊杆
1.3.4.11.2 楼梯、人行道、平台
1.3.4.11.3 制造——上部模块——附属部分——安装辅助设施
1.3.4.12 制造——上部模块——承重与加固
1.4 运输
1.4.1 运输——概要
1.4.1.1 运输——概要——安全手册及安全计划

WBS 元素
1.4.1.2 加固图纸
1.4.1.3 航海担保检验人员的审批
1.4.2 运输——导管架
1.4.3 运输——结构桩
1.4.4 运输——上部模块
1.5 安装、连接及试运行
1.5.1 安装——概要
1.5.1.1 安装——概要——安全手册及安全计划
1.5.1.2 安装流程及图纸
1.5.1.3 安装——概要——焊接流程及焊接工资质
1.5.1.3.1 安装——概要——结构资质
1.5.1.3.2 安装——概要——管道资质
1.5.1.4 安装图纸
1.5.1.5 启动
1.5.1.6 撤场
1.5.2 安装——导管架
1.5.3 安装——桩结构
1.5.4 安装——上部模块
1.5.4.1 连接
1.5.4.2 试运行
1.5.4.3 启动
1.6 项目管理

X3.2 生物通风测试项目示例

本 WBS 示例展示了一个为修复被碳氢化合物污染的土壤而进行的生物通风测试项目。表 X3-3 列出了生物通风测试项目的 WBS 特点,随后是 WBS 层次示例(见图 X3-2)和 WBS 提纲式示例(见表 X3-4)。

表 X3-3　生物通风测试项目——WBS 特点

行　业	分解类型					生命周期	
环境管理	行动导向型	X		阶段导向型		预测型	X
	待办事项导向型			产品导向型		迭代型	
	合同导向型			项目集导向型		增量型	
	可交付成果导向型	X				敏捷型	

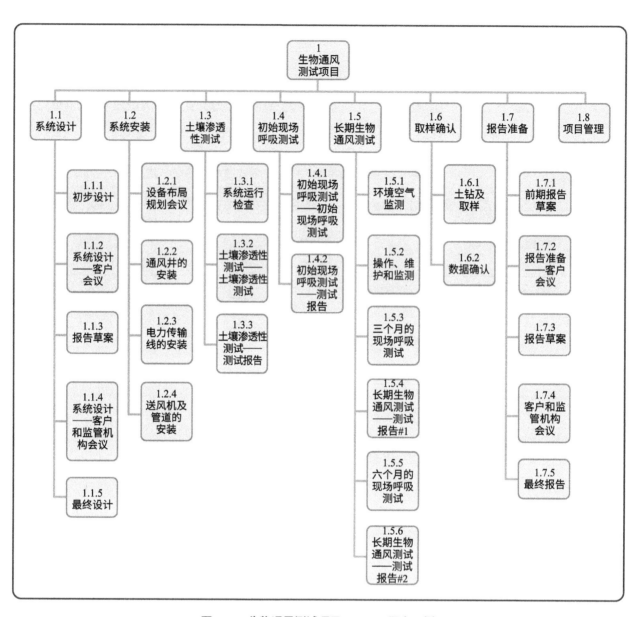

图 X3-2　生物通风测试项目——WBS 层次示例

表 X3-4　生物通风测试项目——WBS 提纲式示例

WBS 元素
1.生物通风测试项目
1.1 系统设计
1.1.1 初步设计
1.1.2 系统设计——客户会议
1.1.3 报告草案
1.1.4 系统设计——客户和监管机构会议
1.1.5 最终设计
1.2 系统安装
1.2.1 设备布局规划会议
1.2.2 通风井的安装
1.2.3 电力传输线的安装
1.2.4 送风机及管道的安装
1.3 土壤渗透性测试
1.3.1 系统运行检查
1.3.2 土壤渗透性测试——土壤渗透性测试
1.3.3 土壤渗透性测试——测试报告
1.4 初始现场呼吸测试
1.4.1 初始现场呼吸测试——初始现场呼吸测试
1.4.2 初始现场呼吸测试——测试报告
1.5 长期生物通风测试
1.5.1 环境空气监测
1.5.2 操作、维护和监测

WBS 元素
1.5.3 三个月的现场呼吸测试
1.5.4 长期生物通风测试——测试报告#1
1.5.5 六个月的现场呼吸测试
1.5.6 长期生物通风测试——测试报告#2
1.6 取样确认
1.6.1 土钻及取样
1.6.2 数据确认
1.7 报告准备
1.7.1 前期报告草案
1.7.2 报告准备——客户会议
1.7.3 报告草案
1.7.4 客户和监管机构会议
1.7.5 最终报告
1.8 项目管理

X3.3 新化合物开发项目示例

表 X3-5 列出了新化合物开发项目的 WBS 特点，随后是 WBS 层次示例（见图 X3-3）和 WBS 提纲式示例（见表 X3-6）。

表 X3-5 新化合物开发项目——WBS 特点

行业	分解类型				生命周期	
医药	行动导向型	X	阶段导向型	X	预测型	X
	待办事项导向型		产品导向型	X	迭代型	
	合同导向型		项目集导向型		增量型	X
	可交付成果导向型				敏捷型	

本 WBS 示例展示了一个新化合物开发项目。如果一个开发项目包含一种以上的新化合物，那么每种新化合物都应该有一个类似的 WBS 结构。WBS 层次 2 的一些元素描述了属于特定技术专长领域的，并且出现在产品开发生命周期不同阶段的可交付成果。这些元素反映了企业组织结构的构成，如市场营销、管理部门、药品开发等。层次 2 的其他元素反映了产品开发生命周期本身，如 1 期临床研究计划、2 期临床研究计划等，它们反映了行业内对整个开发项目的管理方式。本 WBS 说明了可交付成果的结构，但不一定代表其完成顺序。在制订了项目的网络图和进度计划后，它们可反映产生可交付成果的活动的顺序，这些可交付成果既有按专业划分的元素，也有按产品生命周期划分的元素。

值得注意的是，本 WBS 描述的是一个通用产品，而不是一个开发某个特定化合物的项目。因此，本 WBS 可作为 WBS 框架，在针对具体情况对其修订后，可以应用于不同的开发项目。有些元素是标准模块，可以根据具体项目的需要多次重复使用。根据项目的具体情况，项目经理可以选用标准 WBS 的某些元素，而非全部元素。例如，如果项目的目标包括现有产品的延伸产品，项目经理就会排除本 WBS 中与引导化合物识别相关的元素。在其他情况下，项目经理会在 WBS 中说明在美国以外处理的地理组件。

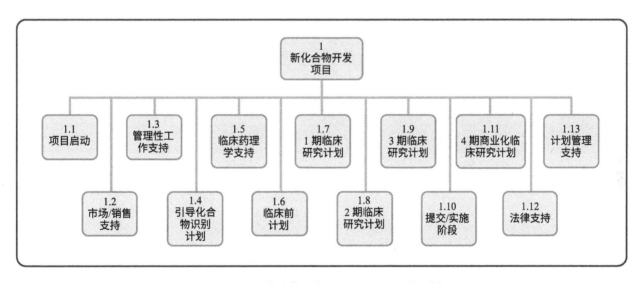

图 X3-3　新化合物开发项目——WBS 层次示例

表 X3-6　新化合物开发项目——WBS 提纲式示例

WBS 元素
1 新化合物开发项目
1.1 项目启动
1.2 市场/销售支持
1.2.1 市场调研计划
1.2.2 品牌计划
1.2.3 定价计划
1.2.4 销售发展计划
1.2.5 其他市场/销售支持
1.3 管理性工作支持
1.3.1 管理性工作支持——提交 IND
1.3.1.1 IND 前的会议
1.3.1.2 IND 准备
1.3.1.2.1 IND 准备——临床前工作包
1.3.1.2.2 IND 准备——临床工作包
1.3.1.2.3 IND 准备——临床药理学工作包
1.3.1.2.4 IND 准备——CM&C 工作包
1.3.1.3 管理性工作支持——ND 准备——提交 IND
1.3.2 管理性工作支持——EOP2 会议
1.3.2.1 会议前工作包
1.3.2.2 管理性工作支持——EOP2 会议——EOP2 会议
1.3.3 管理性工作支持——提交 BLA/NDA
1.3.3.1 BLA/NDA 前会议

　　　　　　　　　　　　　　　　工作分解结构（WBS）实践标准（第 3 版）

WBS 元素
1.3.3.2 BLA/NDA 准备
1.3.3.2.1 BLA/NDA 准备——临床前工作包
1.3.3.2.2 BLA/NDA 准备——临床工作包
1.3.3.2.3 临床药理学工作包
1.3.3.2.4 BLA/NDA 准备——CM&C 工作包
1.3.3.3 管理性工作支持——BLA/NDA 准备——提交 BLA/NDA
1.3.3.4 顾问委员会会议
1.3.3.5 FDA 的评审分析
1.3.3.6 批准前检查
1.3.3.7 批准
1.3.4 批准后的管理性支持计划
1.3.4.1 年度报告
1.3.4.2 药物不良反应报告
1.3.4.3 上市后的承诺管理
1.4 引导化合物识别计划
1.4.1 整理假设
1.4.2 试剂筛选
1.4.3 引导化合物最优化
1.4.4 其他发现的支持
1.5 临床药理学支持
1.5.1 临床药理学支持——药物动力学研究
1.5.2 临床药理学支持——药物反应研究
1.5.3 临床药理学支持——肾反应研究

WBS 元素
1.5.4 临床药理学支持——肝反应研究
1.5.5 临床药理学支持——生物等价研究
1.5.6 临床药理学支持——其他临床药理学研究
1.6 临床前计划
1.6.1 毒性物/ADME 分析
1.6.1.1 非 GLP 动物研究
1.6.1.2 生物分析实验
1.6.1.3 ADME 评估
1.6.1.4 急性毒理研究
1.6.1.5 亚慢性毒理研究
1.6.1.6 慢性毒理研究
1.6.1.7 其他毒性物/ADME 分析
1.6.2 临床前计划——临床药理学支持
1.6.2.1 临床前药理学支持——药物动力学研究
1.6.2.2 临床前药理学支持——药物反应研究
1.6.2.3 临床前药理学支持——肾反应研究
1.6.2.4 临床前药理学支持——肝反应研究
1.6.2.5 临床前药理学支持——生物等价研究
1.6.2.6 临床前药理学支持——其他临床药理学研究
1.7 1 期临床研究计划
1.7.1 药物动力学研究
1.7.2 剂量标准研究
1.7.3 多种剂量安全性研究

WBS 元素
1.7.3.1 入组前的工作
1.7.3.2 入组
1.7.3.3 治疗
1.7.3.4 跟踪
1.7.3.5 数据管理
1.7.3.6 数据分析
1.7.3.7 研究报告 1～10
1.8 2 期临床研究计划
1.8.1 多种剂量功效研究
1.8.2 2 期临床研究计划——其他临床研究
1.9 3 期临床研究计划
1.9.1 关键登记研究
1.9.2 3 期临床研究计划——其他临床研究
1.10 提交/实施阶段
1.10.1 实施前准备
1.10.2 实施
1.10.3 实施后分析
1.11 4 期商业化临床研究计划
1.11.1 调查人员发起的研究
1.11.2 登记研究
1.12 法律支持
1.12.1 出版物
1.12.2 专利/知识产权

WBS 元素
1.12.3 商标
1.12.4 其他法律支持
1.13 计划管理支持
1.13.1 计划层次的项目管理
1.13.2 临床前的项目管理
1.13.3 临床项目管理
1.13.4 CM&C 项目管理
1.13.5 其他项目管理的支持

X3.4　加工厂建设项目示例

表 X3-7 列出了加工厂建设项目的 WBS 特点，随后是 WBS 层次示例（见图 X3-4）和 WBS 提纲式示例（见表 X3-8）。

表 X3-7　加工厂建设项目——WBS 特点

行　业	分解类型					生命周期	
建设	行动导向型	X		阶段导向型		预测型	X
	待办事项导向型			产品导向型		迭代型	
	合同导向型			项目集导向型		增量型	
	可交付成果导向型	X				敏捷型	

本 WBS 示例展示了一个加工厂的建设项目。这是一个工程项目的示例，其重点是系统的设计，而非系统的启动和试运行。应优化工程团队与施工/试运行团队间的沟通，以便最大限度地减少施工过程中出现的问题。在实践中，如果工程师仅根据"系统"进行设计，而承包商根据地点和先后顺序来工作，那么就会出现问题。无论 WBS 关注的是系统、结构还是可交付成果，工作顺序都不是 WBS 的目的。

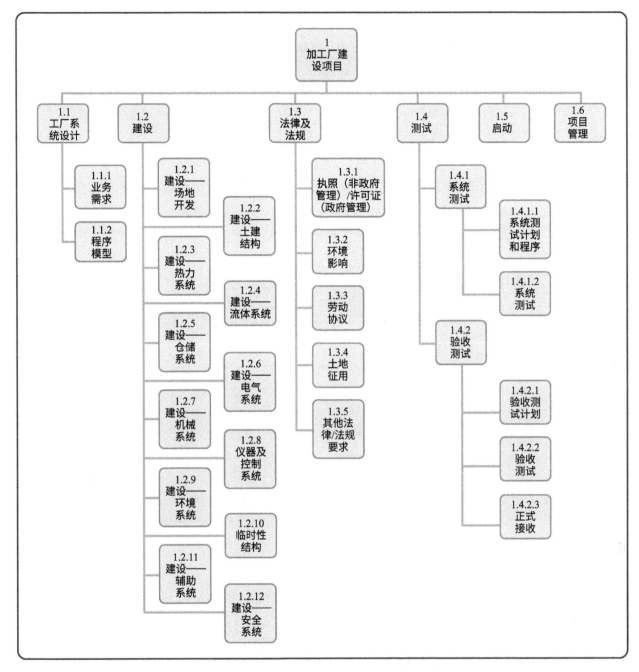

图 X3-4　加工厂建设项目——WBS 层次示例

表 X3-8　加工厂建设项目——WBS 提纲式示例

WBS 元素
1. 加工厂建设项目
1.1 工厂系统设计
1.1.1 业务需求
1.1.1.1 业务需求——系统工程
1.1.1.2 业务需求——场地开发
1.1.1.3 业务需求——土建结构
1.1.1.4 业务需求——热力系统
1.1.1.5 业务需求——流体系统
1.1.1.6 业务需求——仓储系统
1.1.1.7 业务需求——电气系统
1.1.1.8 业务需求——机械系统
1.1.1.9 业务需求——环境系统
1.1.1.10 业务需求——仪器及控制系统
1.1.1.11 业务需求——辅助系统
1.1.1.12 业务需求安全系统
1.1.2 程序模型
1.1.2.1 程序模型——系统工程
1.1.2.2 程序模型——场地开发
1.1.2.3 程序模型——土建结构
1.1.2.4 程序模型——热力系统
1.1.2.5 程序模型——流体系统
1.1.2.6 程序模型——仓储系统

WBS 元素
1.1.2.7 程序模型——电气系统
1.1.2.8 程序模型——机械系统
1.1.2.9 程序模型——环境系统
1.1.2.10 程序模型——仪器及控制系统
1.1.2.11 程序模型——辅助系统
1.1.2.12 程序模型——安全系统
1.2 建设
1.2.1 建设——场地开发
1.2.2 建设——土建结构
1.2.3 建设——热力系统
1.2.4 建设——流体系统
1.2.5 建设——仓储系统
1.2.6 建设——电气系统
1.2.7 建设——机械系统
1.2.8 仪器及控制系统
1.2.9 建设——环境系统
1.2.10 临时性结构
1.2.11 建设——辅助系统
1.2.12 建设——安全系统
1.3 法律及法规
1.3.1 执照（非政府管理）/许可证（政府管理）
1.3.1.1 执照（非政府管理）

WBS 元素
1.3.1.1.1 屋面材料、排水、隔热
1.3.1.1.2 电气
1.3.1.1.3 管道
1.3.1.1.4 商业标识系统
1.3.1.1.5 电梯
1.3.1.1.6 蒸汽/热水锅炉
1.3.1.1.7 空调
1.3.1.1.8 商业灭火系统
1.3.1.1.9 正压送风设备/排风设备
1.3.1.1.10 加热器及煤气管道
1.3.1.2 许可证（政府管理）
1.3.1.2.1 申请
1.3.1.2.2 审批标准
1.3.1.2.3 签发许可证
1.3.2 环境影响
1.3.2.1 初步评估
1.3.2.2 影响评审
1.3.2.3 量级评估
1.3.2.4 减轻影响的计划
1.3.3 劳动协议
1.3.3.1 协议
1.3.3.2 集体谈判

WBS 元素
1.3.3.3 最终协议
1.3.4 土地征用
1.3.4.1 现有财产
1.3.4.2 地方政府规定的该地块的权利/限制（控规）
1.3.4.3 价格比较
1.3.4.4 专业调查
1.3.4.5 筹集资金
1.3.5 其他法律/法规要求
1.4 测试
1.4.1 系统测试
1.4.1.1 系统测试计划和程序
1.4.1.2 系统测试
1.4.2 验收测试
1.4.2.1 验收测试计划
1.4.2.2 验收测试
1.4.2.3 正式接收
1.5 启动
1.6 项目管理

X3.5　外包项目示例

表 X3-9 列出了外包项目的 WBS 特点，随后是 WBS 层次示例（见图 X3-5）和 WBS 提纲式示例（见表 X3-10）。

表 X3-9　外包项目——WBS 特点

行　　业	分解类型					生命周期	
服务	行动导向型	X		阶段导向型		预测型	X
	待办事项导向型			产品导向型		迭代型	
	合同导向型			项目集导向型		增量型	
	可交付成果导向型	X				敏捷型	

本 WBS 的独特之处在于它包含了一个"建议邀请书"（Request for Proposal，RFP）的过程。本 WBS 具有通用性，可对其裁剪以应用于某项目，并可将其作为 WBS 模板。

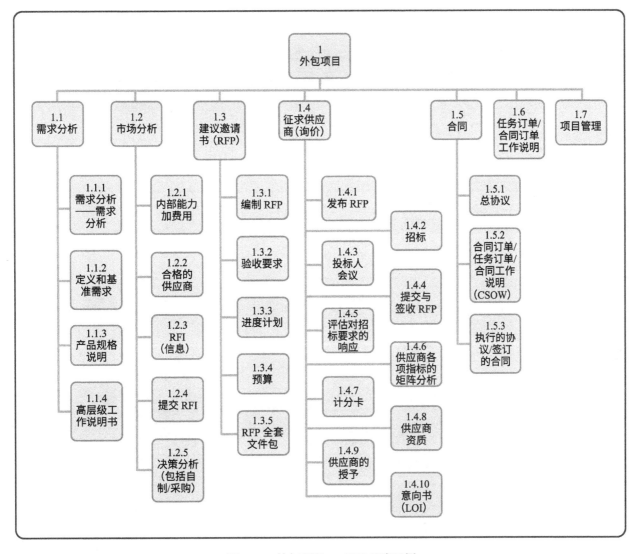

图 X3-5　外包项目——WBS 层次示例

表 X3-10 外包项目——WBS 提纲式示例

WBS 元素
1 外包项目
1.1 需求分析
1.1.1 需求分析——需求分析
1.1.1.1 可行性研究
1.1.1.2 历史资料
1.1.2 定义和基本需求
1.1.2.1 项目实现战略
1.1.2.2 高层级项目计划
1.1.2.3 费用估算
1.1.2.4 范围说明书
1.1.3 产品规格说明
1.1.4 高层级工作说明书
1.2 市场分析
1.2.1 内部能力加费用
1.2.2 合格的供应商
1.2.3 RFI（信息）
1.2.4 提交 RFI
1.2.5 决策分析（包括自制/采购）
1.3 建议邀请书（RFP）
1.3.1 编制 RFP
1.3.1.1 解决方案的标准
1.3.1.2 背景及总体工作范围

工作分解结构（WBS）实践标准（第 3 版）

WBS 元素
1.3.1.3 优先考虑的事情/需求
1.3.1.4 寻求的解决方案类型
1.3.1.5 维修与支持、质量担保、培训
1.3.2 验收要求
1.3.3 进度计划
1.3.4 预算
1.3.5 RFP 全套文件包
1.3.5.1 建议书的编写与提交须知
1.3.5.2 评估的标准
1.3.5.3 现场考察的要求
1.3.5.4 撤回与修改建议书
1.3.5.5 建议书费用的责任
1.4 征求供应商（询价）
1.4.1 发布 RFP
1.4.2 招标
1.4.3 投标人会议
1.4.4 提交与签收 RFP
1.4.5 评估对招标要求的响应
1.4.6 供应商各项指标的矩阵分析
1.4.7 计分卡
1.4.8 供应商资质
1.4.8.1 过去的业绩

WBS 元素
1.4.8.2 供应商现有可供使用的资源/可供使用的时间
1.4.8.3 质量证明材料
1.4.9 供应商的授予
1.4.9.1 管理层的批准
1.4.9.2 法律审查与批准
1.4.10 意向书（LOI）
1.5 合同
1.5.1 总协议
1.5.1.1 合同洽谈
1.5.1.2 最终确定的合同条款（套用合同范本）
1.5.1.3 最终确定的范围/进度/成本
1.5.2 合同订单/任务订单/合同工作说明（CSOW）
1.5.2.1 特定的可交付成果
1.5.2.2 识别的资源
1.5.2.3 确定的服务水平协议（SLA）
1.5.2.4 确定的验收标准
1.5.2.5 确定的绩效测量指标
1.5.2.6 签发的采购订单（PO）/任务订单
1.5.3 执行的协议/签订的合同
1.6 任务订单/合同订单工作说明
1.7 项目管理

X3.6 网站设计项目示例

表 X3-11 列出了网站设计项目的 WBS 特点，随后是 WBS 层次示例（见图 X3-6）和 WBS 提纲式示例（见表 X3-12）。

表 X3-11　网站设计项目——WBS 特点

行　业	分解类型					生命周期	
软件	行动导向型	X	阶段导向型	X	预测型	X
	待办事项导向型		产品导向型	X	迭代型	
	合同导向型		项目集导向型		增量型	
	可交付成果导向型	X			敏捷型	

本 WBS 示例展示了一个在国内销售企业自产产品的商业互联网网站的设计、建设和部署项目。开发生命周期的各个高层级阶段位于 WBS 的层次 2。对于所有的 WBS 示例，WBS 的不同分支可以分解到不同的细分层次。本 WBS 是一个通用的 WBS 模板，可根据不同项目的具体情况进行个性化定制。

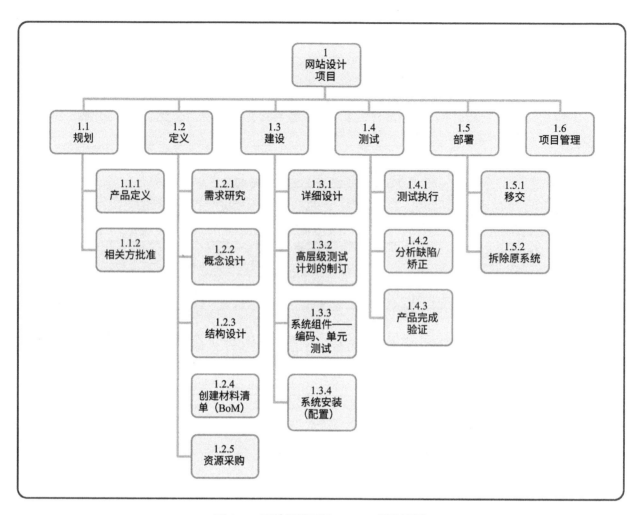

图 X3-6 网站设计项目——WBS 层次示例

工作分解结构（WBS）实践标准（第 3 版）

表 X3-12 网站设计项目——WBS 提纲式示例

WBS 元素
1 网站设计项目
1.1 规划
1.1.1 产品定义
1.1.2 相关方批准
1.2 定义
1.2.1 需求研究
1.2.1.1 商业需求研究
1.2.1.2 系统需求研究
1.2.2 概念设计
1.2.2.1 概念性数据设计
1.2.2.2 概念性流程设计
1.2.3 结构设计
1.2.3.1 网站设计方法评估
1.2.3.2 网站设计方法选择
1.2.4 创建材料清单（BoM）
1.2.5 资源采购
1.2.5.1 人力资源采购
1.2.5.2 硬件资源采购
1.2.5.3 软件资源采购
1.2.5.4 通信资源采购
1.3 建设
1.3.1 详细设计

WBS 元素
1.3.1.1 数据设计
1.3.1.2 商业逻辑设计
1.3.1.3 用户界面设计
1.3.1.4 内部设计标准咨询
1.3.1.5 行业设计标准咨询
1.3.2 高层级测试计划的制订
1.3.3 系统组件——编码、单元测试
1.3.3.1 数据库组件
1.3.3.2 编码/逻辑组件
1.3.3.3 网站 GUI 界面组件
1.3.4 系统安装（配置）
1.4 测试
1.4.1 测试执行
1.4.1.1 系统测试
1.4.1.2 用户验收测试
1.4.1.3 工作性能测试
1.4.2 分析缺陷/矫正
1.4.3 产品完成验证
1.5 部署
1.5.1 移交
1.5.1.1 支持人员培训
1.5.1.2 支持流程文件

WBS 元素
1.5.1.3 软件
1.5.1.4 硬件
1.5.2 拆除原系统
1.6 项目管理

X3.7 通信项目示例

表 X3-13 列出了通信项目的 WBS 特点，图 X3-7 和表 X3-14 分别为 WBS 层次示例和 WBS 提纲式示例。

表 X3-13 通信项目——WBS 特点

行业	分解类型					生命周期	
通信	行动导向型	X		阶段导向型	X	预测型	X
	待办事项导向型			产品导向型		迭代型	
	合同导向型			项目集导向型		增量型	
	可交付成果导向型	X				敏捷型	

本 WBS 示例展示了一个典型的通信项目。本 WBS 的层次 2 反映了一个基本的项目生命周期，即从概念形成、产品开发、客户验收到运行支持和维护。层次 2 的每个 WBS 元素都包括其所代表的项目阶段的低层次可交付成果，其中包括（但不限于）：评审、决策、分析、有形的可交付成果和服务等。

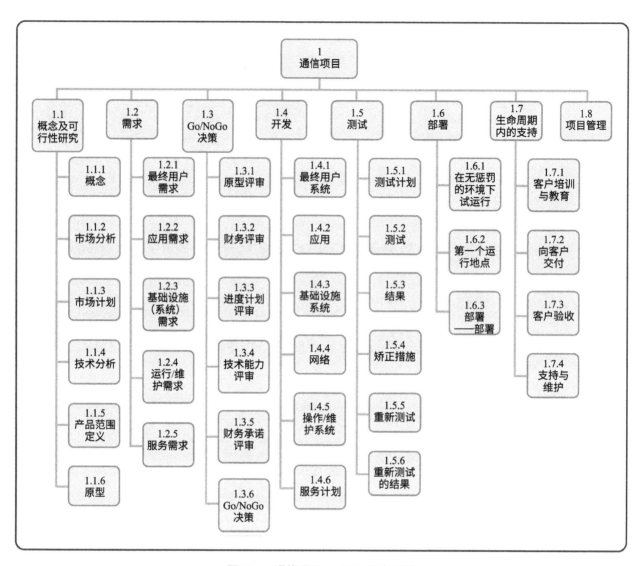

图 X3-7　通信项目——WBS 层次示例

表 X3-14　通信项目——WBS 提纲式示例

WBS 元素
1 通信项目
1.1 概念及可行性研究
1.1.1 概念
1.1.2 市场分析
1.1.3 市场计划
1.1.4 技术分析
1.1.5 产品范围定义
1.1.6 原型
1.2 需求
1.2.1 最终用户需求
1.2.2 应用需求
1.2.3 基础设施（系统）需求
1.2.4 运行/维护需求
1.2.5 服务需求
1.3 Go/NoGo 决策
1.3.1 原型评审
1.3.2 财务评审
1.3.3 进度计划评审
1.3.4 技术能力评审
1.3.5 财务承诺评审
1.3.6 Go/NoGo 决策

WBS 元素
1.4 开发
1.4.1 最终用户系统
1.4.2 应用
1.4.3 基础设施系统
1.4.4 网络
1.4.5 操作/维护系统
1.4.6 服务计划
1.5 测试
1.5.1 测试计划
1.5.2 测试
1.5.3 结果
1.5.4 矫正措施
1.5.5 重新测试
1.5.6 重新测试的结果
1.6 部署
1.6.1 在无惩罚的环境下试运行
1.6.2 第一个运行地点
1.6.3 部署——部署
1.7 生命周期内的支持
1.7.1 客户培训与教育
1.7.2 向客户交付
1.7.3 客户验收
1.7.4 支持与维护
1.8 项目管理

X3.8 "设计—招标—建造"项目示例

表 X3-15 列出了"设计—招标—建造"项目的 WBS 特点,图 X3-8 和表 X3-16 分别为 WBS 层次示例和 WBS 提纲式示例。

表 X3-15　"设计—招标—建造"项目——WBS 特点

行业	分解类型					生命周期	
政府	行动导向型	X	阶段导向型		X	预测型	X
	待办事项导向型		产品导向型			迭代型	
	合同导向型		项目集导向型			增量型	
	可交付成果导向型	X				敏捷型	

本 WBS 示例展示了一个政府的"设计—招标—建造"的工程项目,是从政府的角度进行描述的。这是一个较高层级的 WBS,可以根据具体项目的情况对其进行进一步的详细分解。鉴于这是一个"设计—招标—建造"项目,其中的每个阶段都代表了一个重要的工作体。也正因为这一点,每个阶段都分别包括了某些 WBS 元素(如项目管理)。

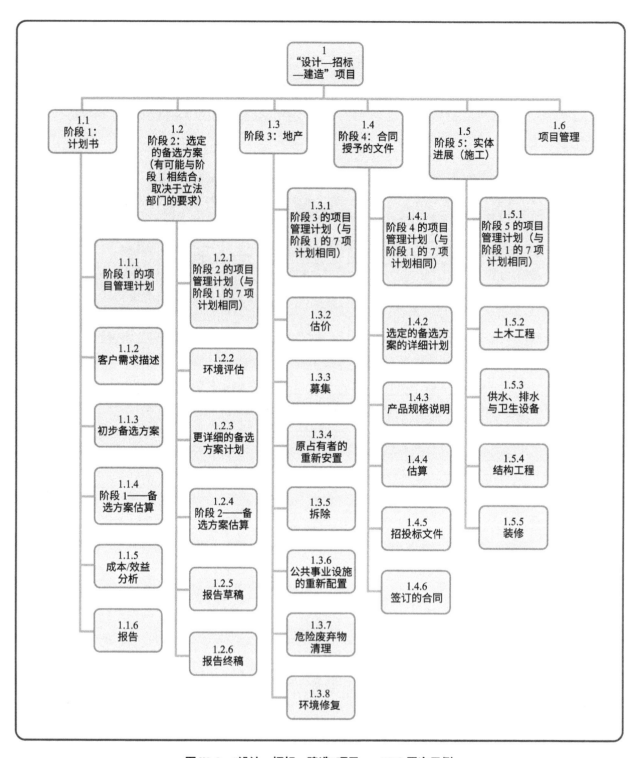

图 X3-8 "设计—招标—建造"项目——WBS 层次示例

表 X3-16 "设计—招标—建造"项目——WBS 提纲式示例

WBS 元素
1 "设计—招标—建造"项目
1.1 阶段 1：计划书
1.1.1 阶段 1 的项目管理计划
1.1.1.1 范围管理计划
1.1.1.2 成本与进度管理计划
1.1.1.3 质量管理计划
1.1.1.4 人力资源管理计划
1.1.1.5 沟通管理计划
1.1.1.6 风险管理计划
1.1.1.7 采购管理计划
1.1.2 客户需求描述
1.1.3 初步备选方案
1.1.4 阶段 1——备选方案估算
1.1.5 成本/效益分析
1.1.6 报告
1.2 阶段 2：选定的备选方案（有可能与阶段 1 相结合，取决于立法部门的要求）
1.2.1 阶段 2 的项目管理计划（与阶段 1 的 7 项计划相同）
1.2.2 环境评估
1.2.2.1 生态学
1.2.2.2 考古学
1.2.2.3 空气质量
1.2.2.4 水质量

WBS 元素
1.2.2.5 社会及经济方面
1.2.3 更详细的备选方案计划
1.2.4 阶段 2——备选方案估算
1.2.5 报告草稿
1.2.6 报告终稿
1.3 阶段 3：地产
1.3.1 阶段 3 的项目管理计划（与阶段 1 的 7 项计划相同）
1.3.2 估价
1.3.3 募集
1.3.4 原占有者的重新安置
1.3.5 拆除
1.3.6 公共事业设施的重新配置
1.3.7 危险废弃物清理
1.3.8 环境修复
1.4 阶段 4：合同授予的文件
1.4.1 阶段 4 的项目管理计划（与阶段 1 的 7 项计划相同）
1.4.2 选定的备选方案的详细计划
1.4.2.1 土木工程计划
1.4.2.2 供水和排水计划
1.4.2.3 结构计划
1.4.2.4 装修计划

WBS 元素
1.4.3 产品规格说明
1.4.3.1 一般条款
1.4.3.2 专用条款
1.4.4 估算
1.4.5 招投标文件
1.4.6 签订的合同
1.5 阶段 5：实体进展（施工）
1.5.1 阶段 5 的项目管理计划（与阶段 1 的 7 项计划相同）
1.5.2 土木工程
1.5.2.1 土方工程
1.5.2.2 路面工程
1.5.3 供水、排水与卫生设备
1.5.3.1 排水
1.5.3.2 供水
1.5.3.3 卫生排放及净化系统
1.5.4 结构工程
1.5.4.1 结构
1.5.4.2 电气
1.5.4.3 机械
1.5.5 装修
1.6 项目管理

X3.9　软件实施项目示例

表 X3-17 列出了软件实施项目的 WBS 特点，随后是 WBS 层次示例（见图 X3-9）和 WBS 提纲式示例（见表 X3-18）。

表 X3-17　软件实施项目——WBS 特点

行　　业	分解类型						生命周期	
一般行业	行动导向型	X		阶段导向型	X	预测型	X
	待办事项导向型			产品导向型	X	迭代型	
	合同导向型			项目集导向型		增量型	X
	可交付成果导向型	X				敏捷型	

本 WBS 示例展示了一个通用的软件开发项目。本 WBS 示例可作为 WBS 模板，通过对其进行适当的定制，特别是对其较低层次的适当定制，可以将其应用于各类不同的软件开发项目。WBS 元素包括行政管理、需求批准、配置软件和培训。

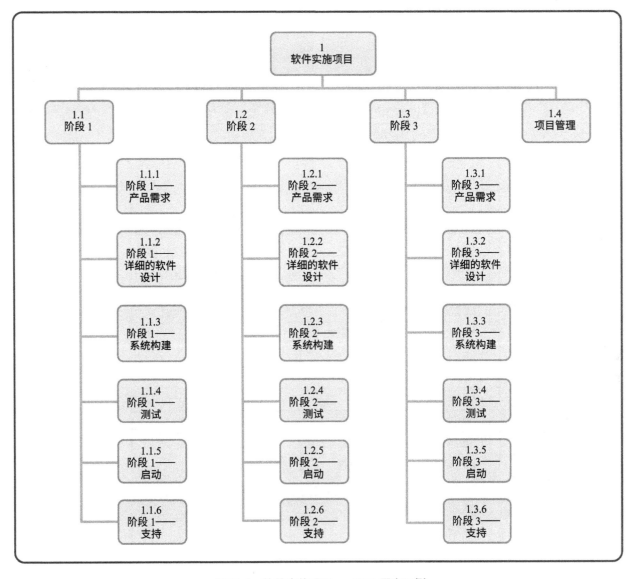

图 X3-9　软件实施项目——WBS 层次示例

表 X3-18　软件实施项目——WBS 提纲式示例

WBS 元素
1 软件实施项目
1.1 阶段 1
1.1.1 阶段 1——产品需求
1.1.1.1 阶段 1——软件需求
1.1.1.1.1 阶段 1——软件需求初稿
1.1.1.1.2 阶段 1——软件需求终稿
1.1.1.1.3 阶段 1——软件需求批准
1.1.1.2 阶段 1——用户文件
1.1.1.2.1 阶段 1——用户文件初稿
1.1.1.2.2 阶段 1——用户文件终稿
1.1.1.2.3 阶段 1——用户文件批准
1.1.1.3 阶段 1——培训课程资料
1.1.1.3.1 阶段 1——初步的培训需求
1.1.1.3.2 阶段 1——初步的培训资料
1.1.1.3.3 阶段 1——试讲课程交付
1.1.1.4 阶段 1——硬件
1.1.1.4.1 阶段 1——硬件需求初稿
1.1.1.4.2 阶段 1——硬件需求终稿
1.1.1.4.3 阶段 1——硬件需求批准
1.1.1.5 阶段 1——产品需求——实施及未来支持
1.1.2 阶段 1——详细的软件设计
1.1.2.1 阶段 1——软件初步设计
1.1.2.2 阶段 1——软件最终设计
1.1.2.3 阶段 1——软件设计批准

WBS 元素
1.1.3 阶段 1——系统构建
1.1.3.1 阶段 1——软件配置
1.1.3.2 阶段 1——客户文件定制
1.1.3.3 阶段 1——培训课程资料的定制
1.1.3.4 阶段 1——硬件安装
1.1.3.5 阶段 1——系统构建——实施及未来支持
1.1.4 阶段 1——测试
1.1.4.1 阶段 1——系统测试计划
1.1.4.2 阶段 1——系统测试案例
1.1.4.3 阶段 1——系统测试结果
1.1.4.4 阶段 1——验收测试计划
1.1.4.5 阶段 1——验收测试案例
1.1.4.6 阶段 1——验收测试结果
1.1.4.7 阶段 1——批准的用户文件
1.1.5 阶段 1——启动
1.1.6 阶段 1——支持
1.1.6.1 阶段 1——培训
1.1.6.2 阶段 1——最终用户支持
1.1.6.3 阶段 1——产品支持
1.2 阶段 2
1.2.1 阶段 2——产品需求
1.2.1.1 阶段 2——软件需求
1.2.1.1.1 阶段 2——软件需求初稿
1.2.1.1.2 阶段 2——软件需求终稿

WBS 元素
1.2.1.1.3 阶段 2——软件需求批准
1.2.1.2 阶段 2——用户文件
1.2.1.2.1 阶段 2——用户文件初稿
1.2.1.2.2 阶段 2——用户文件终稿
1.2.1.2.3 阶段 2——用户文件批准
1.2.1.3 阶段 2——培训课程资料
1.2.1.3.1 阶段 2——初步的培训需求
1.2.1.3.2 阶段 2——初步的培训资料
1.2.1.3.3 阶段 2——试讲课程交付
1.2.1.4 阶段 2——硬件
1.2.1.4.1 阶段 2——硬件需求初稿
1.2.1.4.2 阶段 2——硬件需求终稿
1.2.1.4.3 阶段 2——硬件需求批准
1.2.1.5 阶段 2——产品需求——实施及未来支持
1.2.2 阶段 2——详细的软件设计
1.2.2.1 阶段 2——软件初步设计
1.2.2.2 阶段 2——软件最终设计
1.2.2.3 阶段 2——软件设计批准
1.2.3 阶段 2——系统构建
1.2.3.1 阶段 2——软件配置
1.2.3.2 阶段 2——客户文件定制
1.2.3.3 阶段 2——培训课程资料的定制
1.2.3.4 阶段 2——硬件安装

WBS 元素
1.2.3.5 阶段 2——系统构建——实施及未来支持
1.2.4 阶段 2——测试
1.2.4.1 阶段 2——系统测试计划
1.2.4.2 阶段 2——系统测试案例
1.2.4.3 阶段 2——系统测试结果
1.2.4.4 阶段 2——验收测试计划
1.2.4.5 阶段 2——验收测试案例
1.2.4.6 阶段 2——验收测试结果
1.2.4.7 阶段 2——批准的用户文件
1.2.5 阶段 2——启动
1.2.6 阶段 2——支持
1.2.6.1 阶段 2——培训
1.2.6.2 阶段 2——最终用户支持
1.2.6.3 阶段 2——产品支持
1.3 阶段 3
1.3.1 阶段 3——产品需求
1.3.1.1 阶段 3——软件需求
1.3.1.1.1 阶段 3——软件需求初稿
1.3.1.1.2 阶段 3——软件需求终稿
1.3.1.1.3 阶段 3——软件需求批准
1.3.1.2 阶段 3——用户文件
1.3.1.2.1 阶段 3——用户文件初稿
1.3.1.2.2 阶段 3——用户文件终稿

WBS 元素
1.3.1.2.3 阶段 3——用户文件批准
1.3.1.3 阶段 3——培训课程资料
1.3.1.3.1 阶段 3——初步的培训需求
1.3.1.3.2 阶段 3——初步的培训资料
1.3.1.3.3 阶段 3——试讲课程交付
1.3.1.4 阶段 3——硬件
1.3.1.4.1 阶段 3——硬件需求初稿
1.3.1.4.2 阶段 3——硬件需求终稿
1.3.1.4.3 阶段 3——硬件需求批准
1.3.1.5 阶段 3——产品需求——实施及未来支持
1.3.2 阶段 3——详细的软件设计
1.3.2.1 阶段 3——软件初步设计
1.3.2.2 阶段 3——软件最终设计
1.3.2.3 阶段 3——软件设计批准
1.3.3 阶段 3——系统构建
1.3.3.1 阶段 3——软件配置
1.3.3.2 阶段 3——客户文件定制
1.3.3.3 阶段 3——培训课程资料的定制
1.3.3.4 阶段 3——硬件安装
1.3.3.5 阶段 3——系统构建——实施及未来支持
1.3.4 阶段 3——测试
1.3.4.1 阶段 3——系统测试计划
1.3.4.2 阶段 3——系统测试案例

WBS 元素
1.3.4.3 阶段 3——系统测试结果
1.3.4.4 阶段 3——验收测试计划
1.3.4.5 阶段 3——验收测试案例
1.3.4.6 阶段 3——验收测试结果
1.3.4.7 阶段 3——批准的用户文件
1.3.5 阶段 3——启动
1.3.6 阶段 3——支持
1.3.6.1 阶段 3——培训
1.3.6.2 阶段 3——最终用户支持
1.3.6.3 阶段 3——产品支持
1.4 项目管理

X3.10　国际赛车学校竞赛项目示例

表 X3-19 列出了国际赛车学校竞赛项目的 WBS 特点，随后是 WBS 层次示例（见图 X3-10）和 WBS 提纲式示例（见表 X3-20）。

表 X3-19　国际赛车学校竞赛项目——WBS 特点

行　　业	分解类型					生命周期	
学术界	行动导向型		阶段导向型			预测型	X
	待办事项导向型		产品导向型		X	迭代型	
	合同导向型		项目集导向型			增量型	X
	可交付成果导向型	X				敏捷型	

本 WBS 示例展示了一个参加学校一级方程式（F1）竞赛的团队所提交的可交付成果。F1 是一项国际性的科学、技术、工程和数学竞赛，面向学生（11～18 岁）。由 3～6 名学生组成小组，使用 CAD/CAM 设计工具，设计并制造 F1 官方模型的微型赛车。二氧化碳燃料盒为赛车提供动力，赛车通过尼龙线连接在轨道上。电脑计时从赛车启动开始，直到赛车通过终点线结束。本 WBS 展示了参赛团队的总体可交付成果（赛车设计、展示、网站、制服设计、维修区、推广等）。

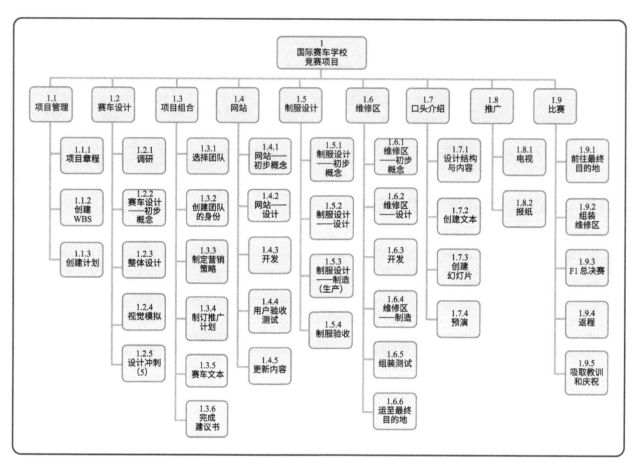

图 X3-10　国际赛车学校竞赛项目——WBS 层次示例

表 X3-20 国际赛车学校竞赛项目——WBS 提纲式示例

WBS 元素
1 国际赛车学校竞赛项目
1.1 项目管理
1.1.1 项目章程
1.1.2 创建 WBS
1.1.3 创建计划
1.2 赛车设计
1.2.1 调研
1.2.2 赛车设计——初步概念
1.2.3 整体设计
1.2.4 视觉模拟
1.2.5 设计冲刺（5）
1.3 项目组合
1.3.1 选择团队
1.3.2 创建团队的身份
1.3.3 制定营销策略
1.3.4 制订推广计划
1.3.5 赛车文本
1.3.6 完成建议书
1.4 网站
1.4.1 网站——初步概念
1.4.2 网站——设计
1.4.3 开发

WBS 元素
1.4.4 用户验收测试
1.4.5 更新内容
1.5 制服设计
1.5.1 制服设计——初步概念
1.5.2 制服设计——设计
1.5.3 制服设计——制造（生产）
1.5.4 制服验收
1.6 维修区
1.6.1 维修区——初步概念
1.6.2 维修区——设计
1.6.3 开发
1.6.4 维修区——制造
1.6.5 组装测试
1.6.6 运至最终目的地
1.7 口头介绍
1.7.1 设计结构与内容
1.7.2 创建文本
1.7.3 创建幻灯片
1.7.4 预演
1.8 推广
1.8.1 电视
1.8.2 报纸

续表

WBS 元素
1.9 比赛
1.9.1 前往最终目的地
1.9.2 组装维修区
1.9.3 F1 总决赛
1.9.4 返程
1.9.5 吸取教训和庆祝

X3.11　地铁线路项目集 1 示例

表 X3-21 列出了地铁线路项目集的 WBS 特点，随后是 WBS 层次示例（见图 X3-11）和 WBS 提纲式示例（见表 X3-22）。

表 X3-21　地铁线路项目集 1——WBS 特点

行业	分解类型				生命周期	
运输	行动导向型	X	阶段导向型	X	预测型	X
	待办事项导向型		产品导向型		迭代型	
	合同导向型		项目集导向型	X	增量型	
	可交付成果导向型				敏捷型	

建设一条新的地铁/地铁线是本项目集的目标。本项目集包括土木工程可交付成果（隧道、地铁站和维修站）和铁路系统可交付成果（地铁车辆、轨道系统、电力系统、信号、控制和通信系统等）。这些可交付成果需要设计、采购、建设、制造、安装、集成和测试，而整个工作需要管理和控制。本示例是从业主角度创建的 WBS，其中的采购策略是将两组主要的可交付成果（土木工程和铁路系统）承包给两个主要的承包商。因此，本项目集包括两个独立的项目和各种项目集级别的工作包。

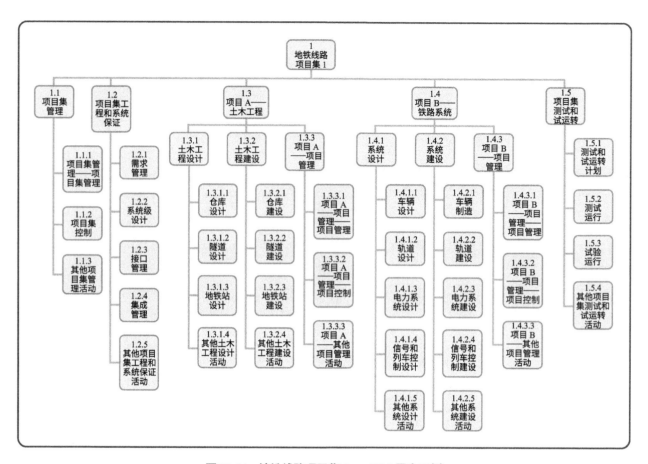

图 X3-11　地铁线路项目集 1——WBS 层次示例

工作分解结构（WBS）实践标准（第 3 版）

表 X3-22　地铁线路项目集 1——WBS 提纲式示例

WBS 元素
1 地铁线路项目集 1
1.1 项目集管理
1.1.1 项目集管理——项目集管理
1.1.2 项目集控制
1.1.3 其他项目集管理活动
1.2 项目集工程和系统保证
1.2.1 需求管理
1.2.2 系统级设计
1.2.3 接口管理
1.2.4 集成管理
1.2.5 其他项目集工程和系统保证活动
1.3 项目 A——土木工程
1.3.1 土木工程设计
1.3.1.1 仓库设计
1.3.1.2 隧道设计
1.3.1.3 地铁站设计
1.3.1.4 其他土木工程设计活动
1.3.2 土木工程建设
1.3.2.1 仓库建设
1.3.2.2 隧道建设
1.3.2.3 地铁站建设
1.3.2.4 其他土木工程建设活动
1.3.3 项目 A——项目管理
1.3.3.1 项目 A——项目管理——项目管理

WBS 元素
1.3.3.2 项目 A——项目管理——项目控制
1.3.3.3 项目 A——其他项目管理活动
1.4 项目 B——铁路系统
1.4.1 系统设计
1.4.1.1 车辆设计
1.4.1.2 轨道设计
1.4.1.3 电力系统设计
1.4.1.4 信号和列车控制设计
1.4.1.5 其他系统设计活动
1.4.2 系统建设
1.4.2.1 车辆制造
1.4.2.2 轨道建设
1.4.2.3 电力系统建设
1.4.2.4 信号和列车控制建设
1.4.2.5 其他系统建设活动
1.4.3 项目 B——项目管理
1.4.3.1 项目 B——项目管理——项目管理
1.4.3.2 项目 B——项目管理——项目控制
1.4.3.3 项目 B——其他项目管理活动
1.5 项目集测试和试运转
1.5.1 测试和试运转计划
1.5.2 测试运行
1.5.3 试验运行
1.5.4 其他项目集测试和试运转活动

X3.12 地铁线路项目集 2 示例

表 X3-23 列出了地铁线路项目集的 WBS 特点，随后是 WBS 层次示例（见图 X3-12）和 WBS 提纲式示例（见表 X3-24）。

表 X3-23 地铁线路项目集 2——WBS 特点

行　业	分解类型					生命周期	
运输	行动导向型	X	阶段导向型	X	预测型	X
	待办事项导向型		产品导向型	X	迭代型	
	合同导向型		项目集导向型	X	增量型	
	可交付成果导向型	X			敏捷型	

建设一条新的地铁/地铁线是本项目集的目标。本项目集包括土木工程可交付成果（隧道、地铁站和维修站）和铁路系统可交付成果（地铁车辆、轨道系统、电力系统、信号、控制和通信系统等）。这些可交付成果需要设计、采购、建设、制造、安装、集成和测试，而整个工作需要管理和控制。本示例是从业主角度创建的 WBS，其中，层次 2 按照项目交付项目集的最终可交付成果进行分解，而不考虑所涉及的各种工程规章。这样，每个项目都包括了总体的主要可交付成果——仓库、隧道、地铁站和车辆的设计、建设、系统安装、集成和测试。因此，本项目集包括四个独立的项目和各种项目集级别的工作包。

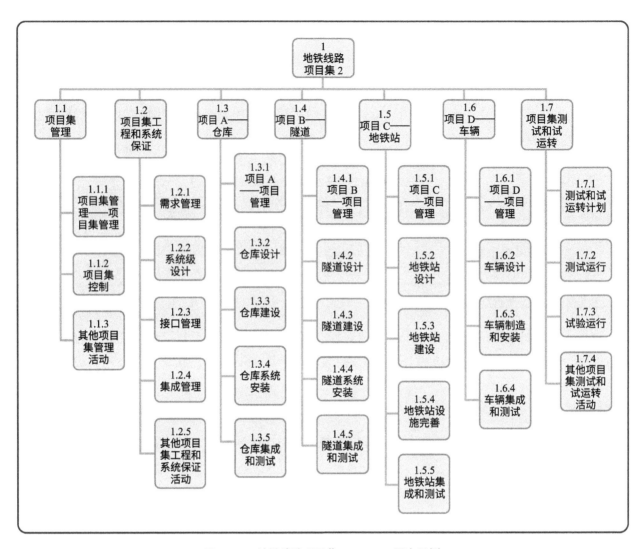

图 X3-12　地铁线路项目集 2——WBS 层次示例

表 X3-24　地铁线路项目集 2——WBS 提纲式示例

WBS 元素
1 地铁线路项目集 2
1.1 项目集管理
1.1.1 项目集管理——项目集管理
1.1.2 项目集控制
1.1.3 其他项目集管理活动
1.2　项目集工程和系统保证
1.2.1 需求管理
1.2.2 系统级设计
1.2.3 接口管理
1.2.4 集成管理
1.2.5 其他项目集工程和系统保证活动
1.3 项目 A——仓库
1.3.1 项目 A——项目管理
1.3.2 仓库设计
1.3.3 仓库建设
1.3.4 仓库系统安装
1.3.5 仓库集成和测试
1.4 项目 B——隧道
1.4.1 项目 B——项目管理
1.4.2 隧道设计
1.4.3 隧道建设
1.4.4 隧道系统安装

WBS 元素
1.4.5 隧道集成和测试
1.5 项目 C——地铁站
1.5.1 项目 C——项目管理
1.5.2 地铁站设计
1.5.3 地铁站建设
1.5.4 地铁站设施完善
1.5.5 地铁站集成和测试
1.6 项目 D——车辆
1.6.1 项目 D——项目管理
1.6.2 车辆设计
1.6.3 车辆制造和安装
1.6.4 车辆集成和测试
1.7 项目集测试和试运转
1.7.1 测试和试运转计划
1.7.2 测试运行
1.7.3 试验运行
1.7.4 其他项目集测试和试运转活动

X3.13　地铁线路项目集 3 示例

表 X3-25 列出了地铁线路项目集的 WBS 特点，随后是 WBS 层次示例（见图 X3-13）和 WBS 提纲式示例（见表 X3-26）。

表 X3-25　地铁线路项目集 3——WBS 特点

行　业	分解类型					生命周期	
运输	行动导向型	X		阶段导向型	X	预测型	X
	待办事项导向型			产品导向型		迭代型	
	合同导向型			项目集导向型	X	增量型	
	可交付成果导向型	X				敏捷型	

建设一条新的地铁/地铁线是本项目集的目标。本项目集包括土木工程可交付成果（隧道、地铁站和维修站）和铁路系统可交付成果（地铁车辆、轨道系统、电力系统、信号、控制和通信系统等）。这些可交付成果需要设计、采购、建设、制造、安装、集成和测试，而整个工作需要管理和控制。本示例是从业主角度创建的 WBS，其中，层次 2 按照项目集的主要阶段进行分解。项目集生命周期方法规定，每个主要阶段——设计、采购、建设、集成和测试——都包含在一个单独的项目中。因此，本项目集包括四个独立的项目和各种项目集级别的工作包。

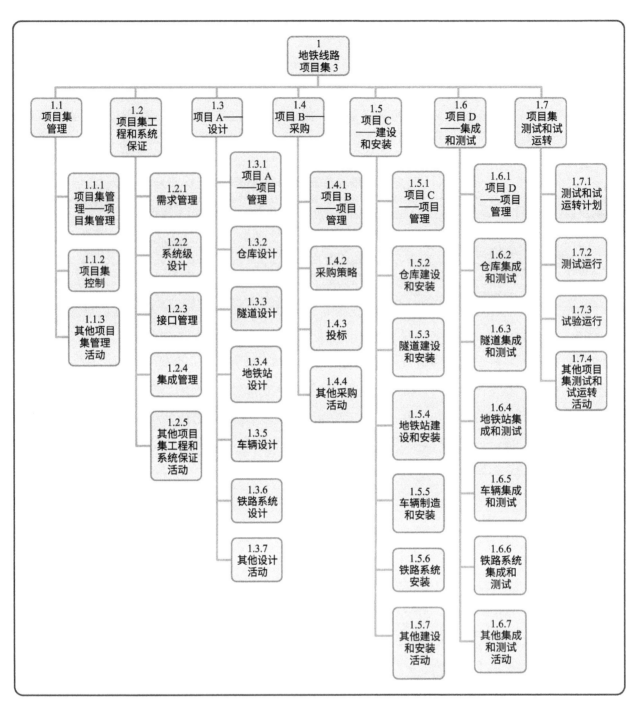

图 X3-13　地铁线路项目集 3——WBS 层次示例

表 X3-26　地铁线路项目集 3——WBS 提纲式示例

WBS 元素
1 地铁线路项目集 3
1.1 项目集管理
1.1.1 项目集管理——项目集管理
1.1.2 项目集控制
1.1.3 其他项目集管理活动
1.2 项目集工程和系统保证
1.2.1 需求管理
1.2.2 系统级设计
1.2.3 接口管理
1.2.4 集成管理
1.2.5 其他项目集工程和系统保证活动
1.3 项目 A——设计
1.3.1 项目 A——项目管理
1.3.2 仓库设计
1.3.3 隧道设计
1.3.4 地铁站设计
1.3.5 车辆设计
1.3.6 铁路系统设计
1.3.7 其他设计活动
1.4 项目 B——采购
1.4.1 项目 B——项目管理
1.4.2 采购策略

WBS 元素
1.4.3 投标
1.4.4 其他采购活动
1.5 项目 C——建设和安装
1.5.1 项目 C——项目管理
1.5.2 仓库建设和安装
1.5.3 隧道建设和安装
1.5.4 地铁站建设和安装
1.5.5 车辆制造和安装
1.5.6 铁路系统安装
1.5.7 其他建设和安装活动
1.6 项目 D——集成和测试
1.6.1 项目 D——项目管理
1.6.2 仓库集成和测试
1.6.3 隧道集成和测试
1.6.4 地铁站集成和测试
1.6.5 车辆集成和测试
1.6.6 铁路系统集成和测试
1.6.7 其他集成和测试活动
1.7 项目集测试和试运转
1.7.1 测试和试运转计划
1.7.2 测试运行
1.7.3 试验运行
1.7.4 其他项目集测试和试运转活动

术语表（英文排序）

本术语表所定义的许多词汇都超出了其在词典中的定义，有些还有不同的定义。

本术语表的定义采用如下约定：

◆ 用作定义的一部分，并在本术语表中定义过的术语用斜体表示。

 ■ 当某术语在一个给定的定义中出现不止一次时，仅在其第一次出现时用斜体表示。

 ■ 在某些情况下，单个术语会由几个词组成（如风险应对计划）。

◆ 在收录同义词时，未对同义词定义，而是向读者指明了首选术语（见首选术语）。

◆ 对于并非同义，但相关联的术语，在其定义的最后列出了可以相互参照的术语(见有关术语)。

Activity.活动：在进度计划中所列，并在项目过程中实施的工作组成部分。

Agile.敏捷：是一个用于描述反映了《敏捷宣言》所述价值观和原则的思维模式的术语。

Agile Life Cycle.敏捷型生命周期：是一种既包括迭代又包括增量的方法，用于优化工作项目，增加交付频率。

Agile Manifesto.敏捷宣言：敏捷价值观和原则的最初的官方定义。

Agile Mindset.敏捷思维模式：是一种思维和行为方式，它植根于《敏捷宣言》的四大价值观和十二条原则。

Agile Principles.敏捷原则：《敏捷宣言》中所体现的敏捷项目交付的十二条原则。

Backlog.待办事项列表：见*产品待办事项列表*。

Backlog Refinement 待办事项列表的细化：是对项目需求和/或正在进行的活动的渐进明细，团队通过协作来参与需求的审核、更新和撰写以满足客户需求。

Child Level.子层次： 在层级结构的两个层次中的较低层次，该层次紧靠在母层次之下。

Control Account（CA）.控制账户： 一种管理控制点。在该控制点上，把范围、预算、实际成本和进度加以整合，并与挣值比较，以测量绩效。见*工作包*。

Customer.客户： 将使用本项目的产品、服务或成果的个人或组织。

Decomposition.分解： 把项目范围和项目可产出成果逐步划分为更小、更便于管理的组成部分的技术。

Deliverable.可交付成果： 为完成某一过程、阶段或项目而必须产出的任何独特并可核实的产品、成果或服务能力。

Hierarchical.层级的： 属于、有关或按层级排列。

Hybrid Approach.混合方法： 两种或两种以上敏捷和非敏捷要素的组合，具有非敏捷的最终成果。

Incremental.增量的： 一种具有某功能、经过测试和验收的可交付成果，它是项目总体成果的组成部分。

Incremental Life Cycle.增量型生命周期： 一种提供已完工的、客户可立即使用的可交付成果的方法。

Iteration.迭代： 开发产品或可交付成果的时间盒循环，其中，需要执行交付价值所需的所有工作。

Iterative Life Cycle.迭代型生命周期： 一种允许对未完成工作提供反馈以便对工作加以改善和修改的方法。

Level of Decomposition.分解的层次： 将整个工作分解为可分配工作包的层次，并通常以有效管理项目所需的控制程度为指导。

Level of Effort（LOE）.支持型活动： 一种不产生明确的最终产品，而按时间流逝来度量的活动。（注：支持型活动是用于测量工作绩效的三类挣值管理活动之一。）

Life Cycle.生命周期： 产品从构想、创建到投入使用的一系列阶段。

Organizational Breakdown Structure（OBS）.组织分解结构： 对项目组织的一种层级描述，展示了项目活动与执行这些活动的组织单元之间的关系。见*资源分解结构、风险分解结构和工作分解结构*。

Parent Level.母层次： 在层级结构的两个层次中的较高层次，该层次紧靠在子层次之上。

Phase.阶段： 见*项目阶段。*

Portfolio.项目组合： 为实现战略目标而组合在一起管理的项目、项目集、子项目组合和运营工作。见*项目集和项目。*

Portfolio Management.项目组合管理： 为实现战略目标而对一个或多个项目组合进行的集中管理。见*项目集管理和项目管理。*

Predictive Approach.预测方法： 一种工作管理方法，在整个项目生命周期中，应用工作计划并管理工作计划。

Predictive Life Cycle.预测型生命周期： 一种更为传统的方法，大部分的规划工作在前期进行，随后一次性执行，它是一个顺序的过程。

Product Backlog.产品待办事项列表： 团队围绕某产品维护的一个以用户为中心的需求的有序列表。

Product Owner.产品负责人： 负责使产品实现最大价值的人员，其对所创建的终端产品负责并承担最终责任。

Product Scope.产品范围： 某项产品、服务或成果所具有的特征和功能。

Program.项目集： 相互关联且被协调管理的项目、子项目集和项目集活动，以便获得分别管理所无法获得的效益。

Program Management.项目集管理： 在项目集中应用知识、技能与原则来实现项目集的目标，获得分别管理项目集组件所无法实现的效益和控制。见*项目组合管理和项目管理。*

Program Management Office（PMO）.项目集管理办公室： 对与项目集相关的治理过程进行标准化，并促进资源、方法论、工具和技术共享的一种管理架构。见*项目管理办公室。*

Progressive Elaboration.渐进明细： 随着信息越来越多、估算越来越准确，而不断提高项目管理计划的详细程度的迭代过程。

Project.项目： 为创造独特的产品、服务或成果而进行的临时性工作。

Project Management Office.项目管理办公室： 对与项目相关的治理过程进行标准化，并促进资源、方法论、工具和技术共享的一种管理架构。见*项目集管理办公室。*

Project Phase.项目阶段： 一组具有逻辑关系的项目活动的集合，通常以一个或多个可交付成果的完成为结束。

Project Scope.项目范围： 为交付具有规定特性与功能的产品、服务或成果而必须完成的工作。

Resource Breakdown Structure（RBS）.资源分解结构：资源依类别和类型的层级展现。见*组织分解结构、风险分解结构和工作分解结构*。

Responsibility Assignment Matrix（RAM）.责任分配矩阵：一种展示项目资源在各个工作包中的任务分配的表格。

Risk.风险：一旦发生，会对一个或多个项目目标产生积极或消极影响的不确定事件或条件。

Rolling Wave Planning.滚动式规划：一种迭代式的规划技术，对近期要完成的工作进行详细规划，对远期工作只做粗略规划。

Scope.范围：项目所提供的产品、服务和成果的总和。见*项目范围和产品范围*。

Scope Change.范围变更：对项目范围的任何变更。范围变更几乎总是需要对项目成本或进度进行调整。

Scope Statement.范围说明书：对项目范围、主要可交付成果、假设和约束条件的描述。

Sprint.冲刺：描述敏捷开发中的时间盒迭代。

Stakeholder.相关方：能影响项目、项目集或项目组合的决策、活动或结果的个人、小组或组织，以及会受或自认为会受它们的决策、活动或结果影响的个人、小组或组织。

Standard.标准：根据普遍意见确定的、经认可机构批准的文件。为共同使用规定了活动或其成果的规则、指南或特征，从而在既定的环境中实现最佳程度的秩序。

Statement of Work（SOW）.工作说明书：对项目需交付的产品、服务或成果的叙述性说明。

Timebox.时间盒：一段固定时间，如1周、2周、3周或1个月。见*迭代*。

Types of Decomposition.分解类型：指导层级设计的一个或多个选择：行动导向、待办事项导向、合同导向、可交付成果导向、阶段导向、产品导向或项目集导向。

User Story.用户故事：针对特定用户的可交付成果价值的简要描述。它是对澄清细节对话的承诺。

WBS Dictionary.WBS 词典：针对工作分解结构中的每个组件，详细描述可交付成果、活动和进度信息的文件。见*工作分解结构*。

Work Breakdown Structure（WBS）.工作分解结构 ：对项目团队为实现项目目标和创建所需的可交付成果而实施的工作的全部范围的层级分解。见*组织结构分解、资源结构分解、风险结构分解和WBS 词典*。

Work Breakdown Structure Component.工作分解结构组件：工作分解结构任意层次上的任何要素。

Work Breakdown Structure Element.工作分解结构元素：包含在单个工作分解结构中的任何单个工作分解结构组件及与其关联的 WBS 属性。

Work Package.工作包：WBS 最低层的工作，针对这些工作来估算并管理成本和持续时间。见*控制账户*。

术语表（中文排序）

标准 Standard：根据普遍意见确定的、经认可机构批准的文件。为共同使用规定了活动或其成果的规则、指南或特征，从而在既定的环境中实现最佳程度的秩序。

层级的 Hierarchical：属于、有关或按层级排列。

产品待办事项列表 Product Backlog：团队围绕某产品维护的一个以用户为中心的需求的有序列表。

产品范围 Product Scope：某项产品、服务或成果所具有的特征和功能。

产品负责人 Product Owner：负责使产品实现最大价值的人员，其对所创建的终端产品负责并承担最终责任。

冲刺 Sprint：描述敏捷开发中的时间盒迭代。

待办事项列表 Backlog：见*产品待办事项列表*。

待办事项列表的细化 Backlog Refinement：是对项目需求和/或正在进行的活动的渐进明细，团队通过协作来参与需求的审核、更新和撰写以满足客户需求。

迭代 Iteration：开发产品或可交付成果的时间盒循环，其中，需要执行交付价值所需的所有工作。

迭代型生命周期 Iterative Life Cycle：一种允许对未完成工作提供反馈以便对工作加以改善和修改的方法。

范围 Scope：项目所提供的产品、服务和成果的总和。*参见项目范围和产品范围*。

范围变更 Scope Change：对项目范围的任何变更。范围变更几乎总是需要对项目成本或进度进行调整。

范围说明书 Scope Statement：对项目范围、主要可交付成果、假设和约束条件的描述。

分解 Decomposition：把项目范围和项目可交付成果逐步划分为更小、更便于管理的组成部分的技术。

分解的层次 Level of Decomposition：将整个工作分解为可分配工作包的层次，并通常以有效管理项目所需的控制程度为指导。

分解类型 Types of Decomposition：指导层级设计的一个或多个选择：行动导向、待办事项导向、合同导向、可交付成果导向、阶段导向、产品导向或项目集导向。

风险 Risk：一旦发生，会对一个或多个项目目标产生积极或消极影响的不确定事件或条件。

工作包 Work Package：WBS 最低层的工作，针对这些工作来估算并管理成本和持续时间。见*控制账户。*

工作分解结构 Work Breakdown Structure（WBS）：对项目团队为实现项目目标和创建所需的可交付成果而实施的工作的全部范围的层级分解。见*组织结构分解、资源结构分解、风险结构分解和 WBS 词典。*

工作分解结构元素 Work Breakdown Structure Element：包含在单个工作分解结构中的任何单个工作分解结构组件及与其关联的 WBS 属性。

工作分解结构组件 Work Breakdown Structure Component：工作分解结构任意层次上的任何要素。

工作说明书 Statement of Work（SOW）：对项目需交付的产品、服务或成果的叙述性说明。

滚动式规划 Rolling Wave Planning：一种迭代式的规划技术，对近期要完成的工作进行详细规划，对远期工作只做粗略规划。

混合方法 Hybrid Approach：两种或两种以上敏捷和非敏捷要素的组合，具有非敏捷的最终成果。

活动 Activity：在进度计划中所列，并在项目过程中实施的工作组成部分。

渐进明细 Progressive Elaboration：随着信息越来越多、估算越来越准确，而不断提高项目管理计划的详细程度的迭代过程。

阶段 Phase：见*项目阶段。*

客户 Customer：将使用本项目的产品、服务或成果的个人或组织。

可交付成果 Deliverable：为完成某一过程、阶段或项目而必须产出的任何独特并可核实的产品、成果或服务能力。

控制账户 Control Account（CA）：一种管理控制点。在该控制点上，把范围、预算、实际成本和进度加以整合，并与挣值比较，以测量绩效。见*工作包。*

敏捷 Agile：是一个用于描述反映了《敏捷宣言》所述价值观和原则的思维模式的术语。

敏捷型生命周期 Agile Life Cycle：是一种既包括迭代又包括增量的方法，用于优化工作项目，增加交付频率。

敏捷思维模式 Agile Mindset：是一种思维和行为方式，它植根于《敏捷宣言》的四大价值观和十二条原则。

敏捷宣言 Agile Manifesto：敏捷价值观和原则的最初的官方定义。

敏捷原则 Agile Principles：《敏捷宣言》中所体现的敏捷项目交付的十二条原则。

母层次 Parent Level：在层级结构的两个层次中的较高层次，该层次紧靠在子层次之上。

生命周期 Life Cycle：产品从构想、创建到投入使用的一系列阶段。

时间盒 Timebox：一段固定时间，如 1 周、2 周、3 周或 1 个月。见*迭代*。

WBS 词典 WBS Dictionary：针对 WBS 中的每个组件，详细描述可交付成果、活动和进度信息的文件。见*工作分解结构*。

相关方 Stakeholder：能影响项目、项目集或项目组合的决策、活动或结果的个人、小组或组织，以及会受或自认为会受它们的决策、活动或结果影响的个人、小组或组织。

项目 Project：为创造独特的产品、服务或成果而进行的临时性工作。

项目范围 Project Scope：为交付具有规定特性与功能的产品、服务或成果而必须完成的工作。

项目管理办公室 Project Management Office：对与项目相关的治理过程进行标准化，并促进资源、方法论、工具和技术共享的一种管理架构。见*项目集管理办公室*。

项目集 Program：相互关联且被协调管理的项目、子项目集和项目集活动，以便获得分别管理所无法获得的效益。

项目集管理 Program Management：在项目集中应用知识、技能与原则来实现项目集的目标，获得分别管理项目集组件所无法实现的效益和控制。见*项目组合管理和项目管理*。

项目集管理办公室 Program Management Office（PMO）：对与项目集相关的治理过程进行标准化，并促进资源、方法论、工具和技术共享的一种管理架构。见*项目管理办公室*。

项目阶段 Project Phase：一组具有逻辑关系的项目活动的集合，通常以一个或多个可交付成果的完成为结束。

项目组合 Portfolio：为实现战略目标而组合在一起管理的项目、项目集、子项目组合和运营工作。见*项目集和项目*。

项目组合管理 Portfolio Management：为实现战略目标而对一个或多个项目组合进行的集中管理。见*项目集管理和项目管理*。

用户故事 User Story：针对特定用户的可交付成果价值的简要描述。它是对澄清细节对话的承诺。

预测方法 Predictive Approach：一种工作管理方法，在整个项目生命周期中，应用工作计划并管理

工作计划。

预测型生命周期 Predictive Life Cycle：一种更为传统的方法，大部分的规划工作在前期进行，随后一次性执行，它是一个顺序的过程。

责任分配矩阵 Responsibility Assignment Matrix（RAM）：一种展示项目资源在各个工作包中的任务分配的表格。

增量的 Incremental：一种具有某功能、经过测试和验收的可交付成果，它是项目总体成果的组成部分。

增量型生命周期 Incremental Life Cycle：一种提供已完工的、客户可立即使用的可交付成果的方法。

支持型活动 Level of Effort（LOE）：一种不产生明确的最终产品，而按时间流逝来度量的活动。（注：支持型活动是用于测量工作绩效的三类挣值管理活动之一。）

子层次 Child Level：在层级结构的两个层次中的较低层次，该层次紧靠在母层次之下。

资源分解结构 Resource Breakdown Structure（RBS）：资源依类别和类型的层级展现。见*组织分解结构、风险分解结构和工作分解结构*。

组织分解结构 Organizational Breakdown Structure（OBS）：对项目组织的一种层级描述，展示了项目活动与执行这些活动的组织单元之间的关系。见*资源分解结构、风险分解结构和工作分解结构*。

索引